FACULTÉ DE DROIT DE TOULOUSE

DU DROIT SUCCESSORAL

DE LA VEUVE

EN DROIT ROMAIN ET EN DROIT FRANÇAIS

THÈSE POUR LE DOCTORAT

SOUTENUE PAR

M. Édouard BARBE

AVOCAT

Né à Vicdessos (Ariège)

TOULOUSE
IMPRIMERIE DOULADOURE
Rue Saint-Rome, 39

1880

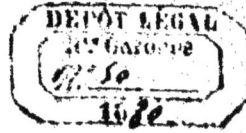

A MON PÈRE, A MA MÈRE

A LA MÉMOIRE

DE MA GRAND'MÈRE ET MARRAINE

FACULTÉ DE DROIT DE TOULOUSE

DU DROIT SUCCESSORAL
DE LA VEUVE
EN DROIT ROMAIN ET EN DROIT FRANÇAIS

THÈSE POUR LE DOCTORAT

SOUTENUE PAR

M. Édouard BARBE
Avocat
Né à Viclessos (Ariège)

TOULOUSE
IMPRIMERIE DOULADOURE
Rue Saint-Rome, 39
—
1880

FACULTÉ DE DROIT DE TOULOUSE.

MM. Dufour ✻, doyen honoraire, professeur de Droit commercial.

Bonfils, doyen, professeur de Procédure Civile.

Molinier ✻, professeur de Droit criminel.

Bressolles ✻, professeur de Code civil.

Massol ✻, professeur de Droit Romain. (Pandectes).

Ginoulhiac, professeur de Droit français, étudié dans ses origines féodales et coutumières.

Huc, professeur de Code Civil.

Pouzelle, professeur de Code civil. (en congé).

Rozy, professeur de Droit administratif.

Arnault, professeur d'Économie politique.

Deloume, professeur de Droit Romain.

Humbert, professeur honoraire.

Latrens, agrégé, chargé du cours de Droit des gens.

Paget, agrégé, chargé d'un cours de Droit Romain.

Campistron, agrégé, chargé d'un cours de Code civil.

Bressolles (J.), agrégé.

Vidal, agrégé.

Wallon, agrégé.

M. Noussu, Secrétaire, Agent comptable.

Président de la thèse : M. Huc.

Suffragants.
- MM. Dufour,
- Molinier, } Professeurs.
- Rozy,
- Campistron, } Agrégés.
- Wallon,

La Faculté n'entend approuver ni désapprouver les opinions particulières du candidat.

PRÉFACE

Un mariage est dissous par le prédécès du mari : il
reste une veuve. La mort de l'époux a-t-elle brisé complètement ce lien puissant du mariage, qui avait engendré des obligations réciproques ? Le *consortium omnis vitæ*,
dont parle Modestin (1) , finit-il avec la vie de l'un des
conjoints ? Et cette belle formule de l'union maritale : *duo
in carne una*, écrite de la main de Dieu dans la Genèse,
et qui renferme la double loi de la monogamie et de l'indissolubilité du mariage , est-elle devenue un vain mot ?
Celui qui meurt est-il par là même entièrement dégagé
de cette promesse mutuelle de secours et d'assistance
qu'il avait faite devant l'autel ? Ne doit-il pas au contraire
assurer le sort de celui qui survit par une disposition

(1) L. 1, de Rit. nupt., XXIII, 2.

testamentaire, et, si la mort s'est trop hâtée, la loi, interprète de sa volonté, ne doit-elle pas tenir compte, en réglant sa succession *ab intestat*, de ce devoir qu'il n'a pu remplir?

Telles sont les questions à résoudre; il nous a paru intéressant de traiter de la condition juridique de la veuve au point de vue successoral. En étudiant le droit, nous avons été frappé du contraste étrange que présente la condition de la veuve dans les législations anciennes et celle que lui fait la loi française moderne; d'ailleurs, nous l'avouons sans crainte, nous nous sommes laissé influencer, dans le choix de notre sujet, par les idées d'une réforme à apporter aux droits de succession *ab intestat* du conjoint survivant, et nous avons voulu nous associer aux protestations sans nombre qui, depuis 1804, menacent à bon droit l'article 767.

Nous nous félicitons même d'arriver un peu tard (*a*), car il est permis d'espérer que la nouvelle loi sera bientôt promulguée; et de plus, nous avons pu consulter de nombreux documents, produits par les critiques de la législation actuelle. Nous avons spécialement rencontré une assistance précieuse dans le savant ouvrage de M. Boissonade, professeur de la faculté de Paris, « Histoire des droits du conjoint survivant, » mémoire qui a obtenu le prix Bordin, au concours de 1871, et qui nous a servi de guide dans notre modeste travail.

Chacun, comme on le sait, donne des fruits de sa sai-

(*a*) Le projet Delsol a été enfin voté par le Sénat, dans la séance du 10 mars 1877. Il est depuis cette époque soumis à l'examen de la Chambre des députés.

son. Voltaire a dit d'ailleurs : « Il en est du livre comme du feu dans nos foyers : on va prendre ce feu chez son voisin, on l'allume chez soi, on le communique à d'autres, et il appartient à tous. » Quand les idées naissent, c'est pour vivre sans fin, et elles deviennent le trésor commun de la vie humaine.

Nous n'ignorons pas cependant que l'étude des textes seule permet de travailler sûrement et de fournir des solutions exactes : aussi avons-nous constamment consulté les sources.

L'introduction, qui est la façade de l'ouvrage, doit en faire connaître les principales parties. Notre intention était de traiter des droits de la veuve en général, mais un cadre aussi vaste eût été trop long à remplir, et aurait dépassé nos forces.

Le titre auquel nous avons été obligé de nous borner nous fournit une division naturelle. Nous traiterons des droits de succession *ab intestat* de la veuve, et des avantages testamentaires que les époux peuvent s'adresser mutuellement. Nous rattacherons aux droits de succession *ab intestat*, quoiqu'ils n'en fassent point partie, à proprement parler, certains avantages que la loi accorde au survivant des époux, alors même qu'il n'existe pas de succession testamentaire, et qui sont pris sur la fortune du prémourant. Il nous a paru indispensable d'examiner, dans un troisième chapitre, l'influence du convol de la veuve, tant sur les avantages reçus de son premier mari que sur les libéralités qu'elle pourrait adresser à son nouvel époux.

Nous ne dirons rien des rapports juridiques de la mère,

devenue veuve, et de ses enfants, quoiqu'il eût été très intéressant de montrer le progrès toujours croissant des institutions sur ce point. Nous laisserons de côté l'étude spéciale des donations qui peuvent intervenir entre époux, soit par contrat de mariage, soit pendant le mariage. Nous n'étudierons pas non plus la dissolution de la communauté et la restitution de la dot.

Mais, avant d'aborder la législation romaine, suivant d'ailleurs le conseil de Montesquieu (1) : « Il faut éclairer l'histoire par les lois, et les lois par l'histoire », nous avons consacré un chapitre préliminaire aux législations orientales qui tiennent une place dans l'histoire, et que nous explorerons rapidement.

Après avoir assisté aux transformations et aux développements des droits successoraux de la veuve dans le droit romain, nous exposerons dans quelques chapitres intermédiaires les éléments essentiels de la condition de la veuve, au point de vue de ces mêmes droits, dans notre ancienne législation.

Enfin, arrivant à la législation actuelle, nous verrons ces droits considérablement amoindris, et nous étudierons comment la loi moderne, en satisfaisant aux légitimes exigences du droit naturel, et sans lésion des droits de la famille, pourrait être modifiée en faveur du conjoint survivant.

(1) *Esprit des Lois*, liv. xxxi, ch. 2.

PREMIÈRE PARTIE

LÉGISLATIONS ANCIENNES

« Il n'est pas dans la nature du droit d'être absolu et immuable ; il se modifie et se transforme comme toute œuvre humaine. Chaque société a son droit qui se forme et se développe avec elle, qui change comme elle, et qui enfin suit toujours le mouvement de ses institutions, de ses mœurs et de ses croyances (1). »

La femme a mission d'exercer une influence continuelle sur la destinée du mari et des enfants : aussi la condition de la femme a-t-elle de tout temps préoccupé les jurisconsultes et les philosophes, et donné lieu aux conceptions les plus diverses.

Au début des sociétés humaines, la puissance publique n'est pas encore organisée ; aussi l'homme peut-il exercer un pouvoir absolu dans sa famille : il exerce un véritable droit de propriété sur sa femme et sur ses enfants, qu'il peut vendre ou tuer (*jus vitæ necisque*). Quand la femme devient veuve, elle ne devient jamais libre : celle que Dieu avait créée pour être la compagne de l'homme est plutôt son esclave. Quand on consulte l'histoire des peu-

(1) Fustel de Coulanges, De la Cité antique.

ples, on ne découvre que de rares notions sur les législations primitives; s'il est encore facile de saisir les principes généraux, les détails demeurent confus. Un point
constant, c'est l'infériorité dans laquelle les femmes
étaient placées par la religion et les constitutions politiques de toutes les nations antiques (1).

Nous nous bornerons aux législations anciennes, qui
ont eu sur la nôtre quelque influence, et dont il nous est
resté des monuments précieux, commençant par la législation hébraïque, la plus connue, et qui a exercé son
influence sur le droit de l'Église et par suite sur le droit
moderne; puis nous verrons la législation des Hindous,
avec lesquels nous sommes unis par la communauté de
race, et enfin nous jetterons un coup d'œil sur la législation de la Grèce.

§ I. — *Droit des Hébreux.*

La supériorité de leur religion permet de supposer que
leur législation était plus douce que celle des autres peuples asiatiques. Cependant la condition de la femme est
trop inférieure à celle de l'homme pour qu'il soit possible de trouver entre les époux un droit de succession
réciproque. La femme est achetée par le mari, moyennant
le *pretium virginitalis* (2), qui n'est autre chose que le
θωρετρον des Grecs, et que nous retrouverons chez les
Germains, sous le nom de morgengabe.

(2) Vte de Maistre, Eclaircissements sur les sacrifices, p. 423 et s.
(1) Exode, xxi, 10.

Plus tard, on fixa cette sorte de douaire, sous le nom de Kethoubah, à deux cents zuzims; pour les veuves, c'est seulement un *pretium pudicitiæ* : il n'est que de cent zuzims (1).

Les lois de Moïse s'occupent fréquemment de la condition de l'épouse, mais parlent peu de la veuve. Nous devons toutefois signaler ici l'institution originale du *Lévirat*, d'après laquelle la veuve, sans enfants de son mari, peut requérir son beau-frère (lévir) de l'épouser, pour que le défunt ait par lui un fils héritier des biens de la famille, et « que son nom ne disparaisse pas d'Israël (2). » Mais, comme on l'a judicieusement remarqué, la tolérance par la loi hébraïque du divorce et de la polygamie, ces deux plaies communes à toutes les civilisations orientales, dut bien souvent rendre à peu près illusoires les obligations qu'imposait la loi mosaïque au frère du mari décédé.

La femme, étant la propriété du mari, devait à la mort de celui-ci faire partie de sa succession. Si l'on peut admettre que le mari, au moins à l'époque rabbinique, succède à sa femme, bien que les époux ne figurent pas dans l'ordre des successions légitimes, réglé par Moïse(3), il paraît certain au contraire que la femme n'a jamais eu le droit de succession réciproque vis-à-vis du mari.

On sait que Moïse ne consentit qu'avec la plus grande difficulté à admettre les filles à la succession de leur père,

(1) Selden, Uxor hebraica, liv. 2, ch. 10.
(2) Genèse, xxxviii, 6, 9. — Deutéron., xxv, 7, 10. Cfr. Saint Matth., ch. xxii, 24 et s.
(3) Nombres, xxvii, 8, 11.

à défaut d'enfant mâle, et encore exigea-t-il qu'elles se mariassent dans leur tribu (1) ; comment, dès lors, aurait-on admis la femme à succéder à son mari ?

On peut faire cependant, contre cette solution, une objection assez grave, tirée du livre de Tobie (2). Quand Tobie épouse la fille de Raguel, son oncle, il reçoit de celui-ci la moitié de tous ses biens, et l'autre moitié lui est promise par écrit pour l'époque où le père et la mère seront morts, *post obitum eorum* ; cela permettrait de croire que la veuve avait un droit héréditaire, ou, tout au moins, une sorte de douaire légal en usufruit, « mais un » pareil droit, dit Boissonade (3), si désirable qu'il soit, » ne nous paraissant fondé sur aucun autre texte, ne » devrait être conjecturé que si celui-ci était inexplicable » autrement. Il ne faut voir, dans cette disposition, qu'une » succession anticipée, accordée pour une moitié et ga- » rantie pour l'autre, car Tobie, gendre et neveu de » Raguel, qui n'a qu'une fille unique, est, en quelque » sorte, son héritier légitime. »

Ce n'est que plus tard, à l'époque rabbinique, que les veuves ont un douaire légal, qui, d'ailleurs, peut être remplacé par testament (4). Or, c'est justement par l'hypothèse d'un testament que nous expliquons le droit de survie de la veuve de Raguel.

Le testament ou autres dispositions de dernière volonté

(1) Nombres, xxxvi, 3, 12.
(2) viii, 21.
(3) Hist. des droits du Conj. surv., pp. 16 et 19.
(4) Mischnah, trad. de Surenhusius, t. i, p. 43.

étaient en effet permis entre époux (1). Judith avait reçu
une donation testamentaire considérable de Manassès,
son époux; et elle-même distribue ses biens, avant de
mourir, aux parents de son mari et aux siens propres (2).

§ 2. *Droit des Hindous.*

« La famille indienne, dit M. Gide, n'est qu'une sorte
» de corporation religieuse, vouée, comme dans l'ère
» patriarcale, au culte perpétuel des divinités domesti-
» ques. Ces divinités, ce sont les ancêtres, le père de
» famille défunt qui revient, hôte invisible, au foyer
» qu'il habita, pour y recevoir chaque jour les prémices
» du repas du soir, et y jouir encore de l'affection fidèle
» de ses enfants et de sa veuve (3). »

Ce culte superstitieux des ancêtres vous permet de
constater, dans la constitution de la famille hindoue, le
renversement de l'ordre des sentiments naturels; le législateur Manou a porté toute sa sollicitude sur les ancêtres:
au lieu que la famille paraisse créée pour les enfants, ce
sont les enfants qui sont créés pour la famille.

Le spiritualisme de la loi de Manou est aussi une des
causes de l'immobilité de la nation hindoue; et, malgré
les siècles, et en dépit des influences étrangères, apportées
par la conquête, on retrouve encore indivisiblement unies

(1) Ecclésiast. xxxiii, 20, 22, 24.
(2) Judith, xvi.
(3) Étude sur la condit. privée de la femme.

les croyances religieuses de ce peuple et sa législation moderne.

Le fils est appelé par Manou, *pouttra*, sauveur de l'enfer (1), car ceux qui meurent sans enfants mâles, pour faire le sacrifice funèbre en l'honneur des aïeux, sont exclus du séjour céleste. Aussi les sages considèrent-ils le premier fils « comme engendré pour l'accomplissement » du devoir, et les autres comme nés de l'amour (2). »

Manou déclare la femme incapable à perpétuité (3) : » la femme doit dépendre de son père, de son mari, de » ses fils, des parents de son mari; elle ne doit jamais se » gouverner elle-même. » Mais on ne rencontre dans les lois de Manou aucune disposition qui défende à la veuve de survivre à son mari : aussi pensons-nous que cette affreuse coutume qui obligeait la veuve à se brûler sur le bûcher de son mari ne vint que plus tard.

Quel était le droit de la veuve sur la succession de son mari? La veuve succède concurremment avec ses fils; pour une part d'enfant, si elle n'a rien reçu de son beau-père ou de son mari; et, pour une demi-part, dans le cas contraire (4). A défaut de fils, d'après l'opinion la plus probable, elle aurait tous les biens, excluant les filles (5); sans doute, parce que, suivant Manou, « le mari ne fait qu'une même personne avec l'épouse (6). »

(1) Manou, liv. ix, sloca 138.
(2) Manou, ix, 107.
(3) Manou, v, 148.
(4) Yájnavalkya, ii, 123.
(5) Mitákshara, ii, i, 5-6.
(6) Manou, ix, 45.

Remarquons, en outre, que la part virile de la veuve est indisponible dans la succession de son mari, qui ne peut l'en frustrer par ses libéralités.

L'Inde ancienne n'a pas connu le testament, et on peut même dire que l'admission du testament dans l'Inde moderne est plutôt fondée sur un usage toléré que sur la loi proprement dite (1).

§ 3. Droit des Grecs.

A Lacédémone, la constitution de la famille était trop contraire à la loi naturelle, et l'égalité presque absolue des biens apportait une trop forte entrave à la formation du patrimoine privé, pour que nous puissions espérer de trouver, dans ses institutions, des traces de droits de survie entre époux. Tandis qu'ordinairement les mœurs sont le produit des lois, à Sparte, les lois étaient l'expression des mœurs; à peine reconnaissait-on aux enfants le droit de succession légitime.

Toutefois, cinq siècles environ après Lycurgue, l'éphore Epitadès fit porter une loi qui permettait formellement de disposer de ses biens par donation testamentaire (2). On peut en induire que les époux purent dès lors jouir de la faculté commune de tester l'un en faveur de l'autre.

Nous nous bornerons donc aux lois d'Athènes, les seules sur lesquelles il nous reste, sinon des monuments origi-

(1) Gibelin, Études sur le dr. civ. des Hindous, t. II, pp. 24-25.
(2) Plutarque, Agis, ch. VII.

naux, au moins des documents d'une réelle autorité, tirés soit des historiens, soit des orateurs.

Le rôle de la femme dans la société athénienne paraît bien effacé; elle est sous la puissance absolue du mari, pendant le mariage; mais veuve, elle ne reste plus enchaînée, comme en Asie, à la famille de son mari; elle retourne dans sa propre famille et y retrouve la même tutelle qu'avant le mariage. Elle est donc en minorité perpétuelle, et, de plus, reléguée durant toute sa vie au fond du gynécée. Le but du mariage est toujours le même : procréer des enfants, afin d'assurer la perpétuité des familles. L'éducation des enfants était réservée à l'État, qui substituait ainsi son droit à celui du père; il fallait avant tout former des citoyens dans un pays où la nation entière était appelée à délibérer sur les affaires publiques.

Les mœurs policées de la Grèce durent influer de bonne heure sur la législation. De nombreux passages d'Aristote, de Démosthène, de Plutarque établissent que la faculté de tester se développa beaucoup chez les Grecs, à partir de la législation sage et équitable de Solon : et, certainement, les époux durent en user l'un à l'égard de l'autre. Le testament semble même avoir été le seul genre de droit de survie entre les époux, et encore paraît-il certain qu'ils ne purent se faire que des legs particuliers. Il est vrai que ces legs pouvaient être considérables : ainsi l'on voit des legs énormes, faits par un certain Pasion à sa femme Archippe, être maintenus, bien qu'il ait deux enfants (1).

(1) Démosth., contr. Steph., § 28.

Mais les époux ne purent jamais s'instituer l'un l'autre héritiers ; car, en règle générale, s'il y avait des enfants du mariage, il était défendu d'instituer un héritier quelconque. A défaut d'enfants, l'institution ne pouvait se faire que par adoption (1). « Mais cette fiction de pater- » nité ne pouvait raisonnablement s'appliquer aux » époux (2); » et nous ne pensons pas que, sans texte à l'appui, on puisse prétendre avoir existé, chez les Grecs, la fiction romaine par laquelle la femme *in manu* était considérée, au point de vue héréditaire, comme la fille de son mari.

Un passage du plaidoyer de Démosthène contre Macartatus (3) permet d'affirmer que la loi athénienne reconnaissait à la veuve, au moins au cas où elle avait des enfants, le droit d'habitation dans la maison du mari.

(1) Démosth., contr. Léocharis, § 49. — Isée, Disc. p. les succes. d'Apollodore, § 30.

(2) Boisson., op. cit. p. 30.

(3) § 75

DEUXIÈME PARTIE

DROIT ROMAIN

INTRODUCTION

A Rome, dans les premiers temps, la famille est fondée sur les croyances religieuses, que nous retrouvons au berceau de toutes les sociétés, et sur le principe absolu de la *patria potestas*. Cette puissance formait entre les divers membres de la famille le seul lien reconnu par la loi civile.

Le père de famille, chef du culte domestique, réunit sous son autorité sacrée sa femme, ses enfants, ses esclaves : il absorbe dans sa personnalité celle de tous les autres ; aucun droit n'est reconnu aux êtres placés sous sa dépendance, il en dispose à son gré comme de sa chose. La *domus*, pour employer le langage des jurisconsultes romains, se compose de *plures personæ quæ sunt sub ejusdem potestate* (1).

(1) L. 195, § 3; L. 196, præm. de verb. signif., D., L, 16.

L'austérité des mœurs des premiers Romains, les principes rigides sur lesquels reposait l'organisation de la
famille, indiquent la position que la femme y occupait.

Dès sa naissance, elle est soumise à la puissance de
son père. Si, en se mariant, elle tombe *in manu*, les
liens qui l'attachaient à sa famille sont rompus. Elle passe
sous le pouvoir du mari et entre dans sa famille. Elle y
prend le rang et les droits de fille en quelque sorte :
filiæ loco incipit esse (1). En changeant de famille, elle ne
fait que changer de servitude, car le mari a les mêmes
droits que le père. Mais nous pouvons observer, dès maintenant, que la femme *in manu*, comme fille adoptive
« de ce père civil (2) » (le mari), est admise au même
degré et pour la même portion que ses enfants dans la
succession *ab intestat* (3) ; car la succession se réglait par
les seuls liens de parenté civile ou de puissance et que le
patrimoine de la famille était dévolu sans aucun égard à
l'origine ou à la nature des biens.

Supposons la femme libérée de la *potestas* du père ou
de la *manus* du mari, elle tombe sous la tutelle de ses
agnats, ou parents par les mâles. Tels sont les principaux caractères de la condition de la femme romaine :
fille, épouse ou veuve, elle ne trouve que des maîtres là
où, suivant la loi de nature, elle ne devrait trouver que
des protecteurs. « Partout où, comme à Rome, la famille
» a été une institution politique, la femme a été sacrifiée,

(1) Gaïus, 1, § 115 *b*.
(2) Troplong, de l'Infl. du christian. sur le dr. civ. des Romains.
(3) Gaïus, III, § 3. — Ulp., Fragm., t. xxII, § 14 et s.

« sa position a été subalterne (1). » Aussi Papinien a-t-il
pu dire avec raison, même à l'époque classique : « *In*
» *multis juris nostri articulis deterior est conditio femina-*
» *rum quàm masculorum* (2). »

Dans le domaine des lois, où la femme est abaissée,
humiliée, asservie comme ses enfants, elle est privée des
prérogatives que la raison et le droit naturel lui accordent, et par là même impuissante à remplir les devoirs
sacrés que sa qualité lui impose.

Mais la scène change, dans le domaine des mœurs,
au sein de la famille. Autant, dans la loi, la dépendance
de la femme est étroite, son incapacité absolue, autant,
dans les mœurs, sa dignité est sauvegardée, et son autorité acceptée et reconnue. Dès qu'elle a été *deducta in*
domum mariti, dès qu'elle a franchi la porte de l'*atrium*,
elle dit en entrant : *Ubi tu Gaius, ibi ego Gaia*. Elle est
l'égale du mari, associée à ses droits, et participant aux
sacra privata. Elle est maîtresse à son foyer ; ici la mère
est obéie par ses enfants ; la matrone est respectée et
honorée, parce qu'elle pratique toutes les vertus domestiques. Cornélia, montrant ses enfants, dit qu'ils sont ses
plus beaux joyaux. Les belles définitions, que les jurisconsultes nous ont transmises, prouvent que les Romains
comprenaient bien la nature de l'institution du mariage.

L'influence de la femme ne s'exerçait pas seulement
dans l'intérieur de la maison, elle s'étendait aussi, au
dehors, dans les affaires publiques. Avons-nous besoin

(1) Laboulaye, Rech. sur la condit. civ. et polit. des femmes,
p. 12.

(2) L. 9, D., de Stat. hom., 1, 5.

de rappeler que le nom d'une femme se trouve mêlé au souvenir des plus grandes crises de l'histoire romaine? Coriolan resta insensible aux supplications du Sénat et des prêtres : Rome allait succomber. Mais quel fils saurait résister à sa mère? Véturie, à son tour, supplia son enfant, et Rome fut sauvée.

L'autorité morale de la femme est incontestable. L'Etat était puissant alors, parce que les mœurs étaient chastes. Il n'est pas étonnant que l'histoire ait conservé le nom du premier qui divorça (1).

A toutes les époques de Rome, il est facile de remarquer comme une protestation incessante du droit naturel contre le droit historique dans la famille romaine. Peu à peu la femme conquiert son indépendance, mais aussi les mœurs se relâchent. Sous Auguste, les pouvoirs domestiques sont détruits un à un par les progrès du pouvoir central ; les vieilles institutions disparaissent, et, à la place des bonnes mœurs, bannies pour longtemps, la dépravation romaine s'établit, affichant le luxe et les richesses des vaincus.

Déjà, au commencement de l'Empire, le mariage cesse d'être honoré ; on contracte sous ce nom des unions passagères que la cupidité et le libertinage rompent et renouent tour à tour. « Quæ toties nubit, non nubit, dit » Martial, adultera est. » La maternité devient une charge, les enfants ne connaissent ni père ni mère, et l'on fait tout un code de lois « ad sobolem procreandam replendam- que liberis civitatem (2). »

(1) Sparius Carvilius Ruga, vers l'an 520 de Rome.
(2) L. 2, de Jure dot.; l. 1, solut. matrimon.

2

« Que l'on ne s'y trompe pas! dit M. Gide, dans son
» ouvrage déjà cité : tout ce déploiement de lois dans
» l'intérêt de la morale est précisément un symptôme
» certain de l'immoralité publique. C'est quand la
» morale a perdu tout empire dans l'âme des citoyens,
» qu'elle va emprunter à l'autorité des lois une dernière
» et impuissante sanction. On en peut juger par l'exem-
» ple de Rome : le législateur n'a commencé à y faire de
» la morale que lorsqu'il n'y avait plus de mœurs! »

Quid leges sinè moribus
Vanæ proficiunt ! (1)

« Les femmes, dit Sénèque, ne comptent plus les an-
» nées par le nombre des consuls, mais par celui de leurs
» maris (2). »

O tempora, ô mores! On ne voit plus, comme au temps
où le législateur n'encourageait pas les secondes noces,
des veuves romaines porter avec un soin scrupuleux le
deuil de l'époux, et demeurer fidèles à sa mémoire.
Quàntùm mutatæ !

Il vaut mieux fermer le livre de l'histoire sur ces
saturnales du vice : à peine trouve-t-on quelques rares
exemples de dévouement, et encore se manifeste-t-il sous
la forme odieuse du suicide!

La décadence suivit de près la licence des mœurs;
l'*imperium romanum* devait à son tour s'en aller en lam-
beaux. Asservi par les armes romaines, le monde trouva,

(3) Horace, Odes, iii, 24.
(4) *De Benef.* iii, 1. 16.

suivant Juvénal, un vengeur dans le vice qui gagna tous les rangs de la société romaine.

Ce que n'avait pu faire la philosophie stoïcienne, ce que n'avaient pu obtenir les efforts impuissants du législateur païen, le christianisme le réalisa en proclamant, par la plus belle inspiration de son génie, l'égalité des deux sexes. Le Christ enseigna que, douée des mêmes facultés que l'homme, la femme est appelée à une même destinée. Le matérialisme et la corruption de la société romaine se trouvèrent face à face avec la morale divine qui devait arracher l'humanité au joug de la matière et des sens.

Dès lors, l'unité de la famille est rétablie sur un principe nouveau, celui de la réciprocité des affections et des devoirs. La femme est réhabilitée la compagne de l'homme, et la société conjugale est remise en honneur sous cette loi, toute de charité. L'indissolubilité du mariage est proclamée dans le sermon sur la montagne.

De bonne heure, dans la primitive Église, on professa l'état de veuve. Saint Paul nous dit (1) qu'on recevait les veuves, âgées de 60 ans, dans le sein de l'Église qui les nourrissait : elles se livraient au service du sanctuaire, et donnaient l'exemple des vertus chrétiennes. L'Église naissante sut ainsi mettre les veuves à l'abri du besoin : les vicaires de Jésus-Christ n'eurent garde d'oublier cette parole du Psalmiste : « *Pupillum et viduam suscipiet* (2). » Saint Augustin fit un ouvrage sur le bien du

(1) Cap. v. 9-16, Epist. ad Timoth., i.
(2) Ps. 115, v. 9.

veuvage (1), et il ne fut pas le seul des pères de l'Eglise
qui encouragea de ses conseils la profession de veuvage,
mise au-dessus du mariage (2).

Dès que les princes, assis sur la chaise curule des
Césars, devinrent chrétiens, l'influence du christianisme
pénétra partout, dans les lois comme dans les mœurs et
dans les institutions ; « l'ébranlement donné du haut de
» la Croix se fit partout sentir (3). »

Il est temps de passer à l'étude des droits successoraux
de la veuve en Droit romain. Nous aurons à examiner,
du moins pour la succession *ab intestat*, trois théories
différentes qui correspondent à trois époques distinctes :
suivant les époques, en effet, et selon les mœurs, le
mariage a exercé une grande influence sur la capacité
des époux de se succéder l'un à l'autre. Nous verrons en
quelle mesure la loi supplée la volonté du prédécédé,
quand elle ne se manifeste point et comment elle la con-
trarie quand elle se manifeste.

Dans le premier chapitre nous traiterons des droits de
succession *ab intestat* que la veuve peut recueillir ; dans
le second, des droits qu'elle a dans la succession testamentaire de son mari ; enfin, dans un dernier chapitre,
nous examinerons l'influence du convol de la veuve, tant
sur les avantages à elle conférés par le mari prédécédé,
que sur ceux qu'elle pourrait conférer à son nouveau
conjoint.

(3) *De Bono viduitatis*, xxiii, 560.
(4) Thomassin, Anc. et Nouv. Discipline de l'Égl., iii, 196-171.
(5) De Champagny, les Antonins, t. i, p. 449.

CHAPITRE PREMIER.

DE LA SUCCESSION *AB INTESTAT.*

Première époque : Droit Civil.

Sous la République et dans les premiers temps de
l'Empire, la femme, mariée en justes noces, put être dans
deux conditions très différentes : ou bien être *in manu
mariti*, ou bien être *sui juris*. Remarquons, toutefois,
qu'à l'origine la *manus* dût accompagner presque toujours le mariage, tandis que sous l'Empire ce fut le contraire qui eut lieu.

La *manus*, ou puissance du mari sur la femme, paraît
dériver de la coutume (1). On a soutenu (2) qu'à l'origine
le mariage entraînait toujours la *manus* du mari : l'en-
lèvement des Sabines, s'il n'est pas une pure légende,
semblerait confirmer cette opinion. Nous préférons cependant croire, avec M. Accarias (3), « qu'à aucune épo-
» que la *manus* ne résulta du mariage comme consé-
» quence immédiate et nécessaire. » Ajoutons que c'est là

(1) *Eo jure quod consensu receptum est*, dit Gaïus, III, § 82, en
parlant de l'acquisit. *per universit.*, résultant de ce que la femme
entrait sous la *manus* du mari.

(2) Ginoulhiac, Hist. du rég. dotal, pp. 56-57.

(3) Accarias, t. I, p. 253. — Boiss., *op. cit.*, p. 62. — C'est ce
que prouve l'existence même de l'un des modes d'acquisition de la
manus, l'*usus*. La loi des Douze Tables, qui parle de l'*usus*, n'a
fait que régler le droit existant.

une différence entre la *manus* et la puissance maritale du Droit français.

D'après Gaïus (1), la *conventio in manum* pouvait être produite par trois causes distinctes : 1° par la *confarreatio*, cérémonie religieuse dans laquelle la femme tenait à la main un pain de froment, symbole de son association aux *sacra* et à la vie entière du mari (a); 2° par la *coemptio*, sorte d'achat fictif de la femme par le mari : ce mot semble indiquer que la femme se vendait elle-même au mari. Ce qui confirme cette opinion, c'est que, dans la mancipation, Gaïus n'énonce l'intervention de personne autre que les cinq témoins, le libripens et la femme, « *una cum muliere.* » La *coemptio* existait encore sous Gaïus, qui en parle comme d'une institution présente; 3° par l'*usus*, sorte d'*usucapio* annale, qui assimilait la femme, par rapport à son mari, à une chose mobilière. En effet, le mari acquérait la *manus* sur sa femme par une année de cohabitation continue. Mais la femme pouvait interrompre cette *usucapion* en s'éloignant du toit conjugal pendant trois nuits de suite dans la même année (b). Ce troisième

(1) Gaïus, 1, §§ 108-115.

(a) Les hautes dignités sacerdotales ne pouvaient être conférées qu'à des citoyens issus *ex confarreatis nuptiis.* Tacite (Ann. IV, 16) rapporte que sous Tibère on eut peine à trouver une liste de trois patriciens, nés de parents *farreati*, pour choisir un flamine de Jupiter. Une loi décida alors que la femme du *flamen Dialis* ne serait *in manu* que *ad sacra.* Ce fait permet de constater la répugnance des femmes *sui juris* à tomber *in manum.* Gaïus, 1, § 136.

(b) Michelet, dans son Histoire romaine, a pensé, bien à tort, que le mari acquérait la *manus* sur sa femme, quand elle avait passé sous son toit trois nuits consécutives.

modo de *conventio in manum* a complètement disparu sous Gaïus (1), sans doute parce qu'il était peu flatteur pour la femme, et aussi sans doute peu en rapport avec les mœurs relâchées de Rome.

Au point de vue qui nous occupe, les effets de la *manus*, établie *matrimonii causa* (a), par l'un ou l'autre de ces modes, se résument en un seul : la femme, bien que *mater familias* (2), quant aux honneurs et aux distinctions, est traitée en droit, comme étant la *filia familias* de son mari, auquel elle emprunte tous ses liens d'agnation (3).

En entrant dans la famille de son mari (b), *loco filiæ*, elle devenait son *heres sua*, et venait ainsi au premier rang des héritiers légitimes ou *ab intestat* (4) ; elle concourait alors par égale portion avec ses enfants, dont elle était comme la sœur ; s'il n'y avait pas d'enfants, soit communs, soit d'un autre mariage du mari, elle lui succédait, à l'exclusion des agnats et des cognats.

M. Boissonade trouve exagéré ce droit héréditaire de la femme *in manu*. « Ce concours avec les enfants, dit-il (5), et cette préférence sur toute la famille naturelle

---

(1) Gaïus, i, § 111. — Aulu-Gelle, iii, 2.

(a) La *manus* pourait être aussi constituée *fiduciæ causâ* : elle était alors fictive et transitoire.

(2) *Mater familias ea sola est quæ in manu mariti est.* Aul.-Gelle, Nuits Att., xviii, 6. — Cicéron, Top., iii.

(3) Gaïus, iii, § 14.

(4) La femme, tombant *in manu*, subit la *minima capitis deminutio*. — Nous rangeant à l'opinion de la majorité des auteurs, nous pensons que la *minima* C. D. ne fait que changer un des éléments du *status*, la *familia*.

(4) *Collatio leg.* Mos. et Rom., t: xvi, ch. 1, § 3.

(5) *Op. cit.*, p. 61.

» ou civile du défunt sont aussi choquants que l'était son
» exclusion presque absolue quand elle n'était pas *in*
» *manu* (*c*). » Sans doute, la femme a un droit de succession fort important; mais, à ne considérer que la réalité des choses, ce droit successoral n'était qu'un faible
dédommagement pécuniaire de l'absorption du patrimoine
de la femme dans celui du mari. En réalité, la femme
reprenait son bien, plutôt qu'elle ne prenait celui du
mari, et encore ne le reprenait-elle pas tout entier.

Au sujet de ce droit successoral de la veuve, une controverse a été soulevée par un savant romaniste moderne,
M. Gide, dans son étude sur la condition privée de la
femme (1). D'après lui, la *manus* ne modifie pas les rapports personnels des époux, mais seulement leurs intérêts
pécuniaires. Leur régime est une sorte de communauté
universelle. C'est au point de vue des rapports pécuniaires que la femme *in manu* est, à la lettre, *loco filiæ*; à la
mort du mari, la communauté se partage par tête entre
la veuve et ses enfants.

A l'appui de cette opinion, on invoque plusieurs arguments. Et d'abord, dit-on, il serait inexact d'assimiler
complètement la femme *in manu* à la *filia familias*; il y a
au moins cette différence entre la *potestas* et la *manus* que,
tandis que nous pouvons acquérir par nos fils sous puissance soit la propriété, soit la possession, nous ne sommes certains que de pouvoir acquérir la propriété par la
femme *in manu*, car il est douteux que nous puissions,

(c) Nous nous occuperons tout à l'heure de cette autre situation
de la femme mariée.
(1) Pag. 132-135.

par elle, acquérir la possession, parce que nous ne la possédons pas (1).

On ajoute que le père de famille, dont le fils a commis un délit contre un tiers, a la faculté, soit de payer la condamnation à laquelle le délit donne lieu, soit de faire l'abandon de l'auteur du délit à la partie lésée. Au contraire, cette faculté n'appartenait pas au mari à l'égard de la femme *in manu* (2). Le mari ne pouvait que donner un tuteur à sa femme, car la tutelle comme la *manus* n'a que les biens de la femme pour objet. De plus l'*actio furti* n'est donnée au mari que si la femme ravie est *in manu*, et l'on sait que la base de l'*actio furti* est toujours un intérêt pécuniaire (3). D'ailleurs, si le mari était lui-même fils de famille, la femme tombait sous la *manus* du *pater familias* à l'égard duquel elle prenait le rang de petite-fille. Dès lors le mari, étant lui-même sous la dépendance d'autrui, ne pouvait ni avoir autorité sur une autre personne, ni acquérir par elle (4).

Nous pensons au contraire que la femme était sous la puissance de son mari tant au point de vue de la personne qu'au point de vue de ses biens. Elle était *loco filiæ*; or, la *filia familias* était sous la puissance du père tant au point de vue de la personne qu'au point de vue des biens. Le mari pouvait, quoi qu'on en dise, manciper sa femme (5), chose inexplicable si l'on admet le système contraire;

(1) Gaïus, II, §§ 89-90.
(2) Gaïus, IV, §§ 75-80.
(3) G., III, § 199.
(4) G., III, §§ 5 et 14.
(5) Gaïus, I, §§ 115, 118, 123, 137.

Gaïus compare la mancipation d'un enfant à la *cemptio* de la femme, ce qui prouve que ces actes étaient de même nature. Le mot *manus* semble avoir été une expression générique servant à désigner toutes les puissances : on le retrouve, en effet, dans l'étymologie des anciens termes juridiques : *mancipium, mancipatio, manumissio.*

Le principal argument du système contraire se réfute par cette simple observation que les Romains n'ont jamais lié l'idée de *potestas* à l'idée de possession de la personne sur laquelle elle s'exerçait, puisque le père avait la *potestas* sur son fils, qu'il ne possédait pas (1). Si la possession s'acquiert par les fils sous puissance, c'est une conséquence de l'unité de personne dans la famille romaine, tous les actes posés par le fils étant réputés émaner du père lui-même.

Van Wetter, après avoir mentionné la controverse qui existait sur le point de savoir si on pouvait acquérir la possession par la femme *in manu*, nous dit (3) : « Le » motif véritable de douter était que la *manus* confère » des droits plus restreints sur la personne que la puis- » sance paternelle ; et que, dès lors, faute d'un assujet- » tissement proprement dit de la personne, l'acquisition » de la possession était impossible. » Il faut reconnaître, en effet, que la *manus* et la puissance paternelle ne sont pas absolument semblables ; il est certain, par exemple, que la femme *in manu* conserve toujours la faculté d'en- voyer le *libellum repudii* à son mari et de le contraindre

(2) Ulp. frag. 1, § 8, *de Acquir. et Amitt. possess.*
(3) Traité de la possess., note 3, p. 172.

alors à l'affranchir de la *manus* comme si elle n'avait jamais été sa femme, tandis qu'une fille, même adoptive, ne pourrait forcer son père à la libérer de la puissance paternelle.

Toutefois, les deux puissances avaient bien des points de ressemblance, et nous savons qu'elles se dissolvaient par les mêmes modes. D'ailleurs, par la *manus*, la femme changeait de famille : sous la puissance de qui tomberait-elle alors, si ce n'était sous celle de son mari ? Au surplus, le mari n'était-il pas juge de sa femme, comme le père l'était de ses fils ? L'institution du tribunal domestique n'est-elle pas la preuve la plus formelle de l'assujettissement de la personne de la femme ? Tacite nous dit en effet (1) que, sous Néron, une femme nommée Pomponia Græcina ayant été accusée de participation à des superstitions étrangères, le soin de la juger fut abandonné à son mari, et que celui-ci procéda à l'examen de la cause et au jugement en présence des proches parents de la femme : en quoi, ajoute Tacite, il suivait une coutume ancienne, et cette coutume est en effet constatée par Denys d'Halicarnasse (3).

Remarquons que la femme *in manu*, comme *filia familias* de son mari, étant *heres sua* et *necessaria*, acquérait l'hérédité sans addition, *ipso jure, sive velit sive nolit*; mais le préteur de bonne heure protégea l'héritier sien et nécessaire en lui donnant le *jus abstinendi*, bénéfice qui n'avait pas besoin d'être demandé au magistrat (3).

---

(1) Ann., XIII, 32. — Tite-Live, XXXIX, 8.
(2) II, 25.
(3) Gaïus, II, §§ 156, 159. — Ulp., XXII, § 24.

Quand le mari n'avait pas la *manus* sur sa femme, c'est-à-dire quand il n'y avait eu ni *confarreatio*, ni *coemptio*, ou que la femme avait eu soin d'interrompre utilement l'*usus* (*usum quotannis trinoctio usurpare*) (1), le mariage était libre, le mari n'avait pas la puissance sur son épouse, qui restait *sui juris* ou en puissance paternelle, mais était, dans les deux cas, étrangère à la famille de son mari.

Elle s'appelait alors *uxor*, *matrona*, mais non *mater familias*, comme la femme *in manu*. Le seul fait du mariage ne changeait rien aux droits pécuniaires des époux ; le mari, en cette qualité, n'acquérait pas plus de droit qu'un étranger sur les biens de sa femme. Mariée *sine manu*, la femme n'était plus considérée comme la fille de son mari ; aucun lien de parenté civile ne se formait entre elle et lui. Dès lors, la femme ne saurait avoir de droit de succession *ab intestat* sur les biens de son mari.

Nous avons déjà remarqué que cette condition d'épouse libre devint très fréquente à la fin de la République et au commencement de l'Empire. Elle finit même par rester seule quand la *manus* eut disparu, n'étant plus en harmonie avec les mœurs.

Le mariage libre donnait le moyen aux femmes de provoquer leur émancipation, elles n'y faillirent pas, d'autant que la tutelle des agnats s'affaiblissait de jour en jour et finit par tomber en désuétude. Le législateur essaya de réagir contre cet état de choses, et surtout

(1) Gaïus, I, § 3.

d'atténuer le développement excessif de la fortune des femmes, mais tous ses efforts aboutirent aux lois *Oppia* et *Voconia*. « Les *matronæ* triomphèrent, dit M. Ginoulhiac, « et la dot fut comme le signe de leur indépendance (1). » L'avarice des maris leur fit accepter des dots considérables qui ne leur étaient apportées que sous condition de mariage libre : aussi, Plaute a-t-il pu dire que le mari qui reçoit une belle dot vend son autorité :

> « *Argentum accepi, dotis imperium vendidi* (2). »

La femme, cessant d'être *in manu mariti*, tout lien de parenté civile fut dès lors brisé entre les époux. La parenté civile étant, comme nous l'avons déjà constaté, le fondement du droit de succession *ab intestat*, le droit civil ne reconnut, par suite, aucun droit de succession *ab intestat* à la veuve. C'était là méconnaître la nature du lien qui résulte du mariage.

Deuxième Epoque : Droit Prétorien.

Cette iniquité se manifesta aux yeux du préteur, à mesure que la *manus* devint de plus en plus rare ; et il essaya de la corriger lorsqu'il organisa, sous le nom de *Bonorum possessiones*, un ordre de succession où les droits de la nature trouvèrent une satisfaction que le droit civil leur avait refusée.

(1) Op. cit., p. 79.
(2) *Asinaria*, act. I, sc. I, 72.

Le système successoral du droit civil tient à la constitution tout aristocratique et religieuse de la famille romaine. « La personnalité du chef de famille était si absorbante, » qu'elle réduisait à néant celle de la femme elle-même. » Le père absorbait pour ainsi dire l'époux ; et cependant » il fallait bien être l'un pour devenir l'autre ; mais la loi » ne voulait point envisager la personnalité du chef de » famille sous le rapport conjugal, car elle eût été obli- » gée de conférer à la femme une personnalité distincte, » et alors l'unité de personne, de puissance et de patri- » moine eût été brisée. C'est à quoi pourtant il fallut en » venir (1). »

L'État, peu à peu, substitua son droit à ceux du *pater familias*; l'organisation de la *domus* fut détruite et les pouvoirs domestiques remplacés un à un par les progrès du pouvoir central. La personnalité de la femme se détacha de celle du mari, mais, dès lors, elle perdit ses droits de succession, comme fille. Comme femme, dans le mariage libre, nous savons que le droit civil ne l'appelle pas à la succession *ab intestat*, mais le droit plus humain du préteur lui donna la *bonor. possessio undè vir et uxor* (2). « *Prætor jus antiquum ex bono et æquo dilata-vit* (3). »

Il est probable que cette importante innovation remonte à l'époque où le préteur créa les possessions de biens, c'est-à-dire vers la fin de la république.

Les mots mêmes *vir et uxor*, qui ne conviennent qu'aux

(1) A. Morillot, Condit. jurid. de l'époux surr., p. 196.
(2) Just., § 6, *de Bonor. poss.*
(3) Gaïus, III, §§ 32-33.

personnes engagées dans une union légitime encore subsistante, nous montrent clairement que cette *bonor. possessio* ne s'applique ni dans l'hypothèse d'un simple concubinat, ni dans celle d'un mariage déjà dissous par le divorce (1).

Pour savoir dans quel ordre se produisait la vocation subsidiaire du conjoint dans la législation prétorienne, il fallait distinguer si le défunt était un ingénu ou un affranchi, et, dans le premier cas, comment il était devenu *sui juris*; car, suivant la qualité du défunt, le conjoint survivant, relégué toujours en dernière ligne, pourrait se trouver précédé par un nombre plus ou moins grand de successeurs.

S'agissait-il, en effet, d'un défunt devenu *suis juris* sans *capitis deminutio*, ou avec émancipation *contractâ fiduciâ*, le conjoint venait au quatrième rang, après l'ordre des *liberi*, des agnats et des cognats.

S'agissait-il au contraire d'un défunt émancipé sans *fiducie* (c'est-à-dire ayant un *manumissor extraneus*), le conjoint ne venait qu'au cinquième rang, car le préteur préférait au *manumissor extraneus*, qui venait dans l'ordre des *legitimi*, les dix plus proches parents, qu'il appelait à défaut des *liberi*, par la *bonor. poss. unde decem personæ* (2).

L'époux survivant primait le fisc : *fiscus post omnes*. On pourrait cependant en douter en présence d'une consti-

---

(1) L. 1, præm. et § 1, *undè vir et ux.* D., xxxviii, 11. — Cfr. l. 11, pr., D., *de Divort. et repud.*, xxiv, 2 et l. 1, D., *de Concub.*, xxiv, 7.

(2) Just., § 3-4, *de Bonor poss.*

tution de Caracalla (1), qui suppose le fisc possesseur de
biens en face d'un époux, et obligé d'exécuter envers
celui-ci une donation faite par le défunt ; mais la difficulté disparaît, si l'on suppose, avec Pothier, que l'époux
avait refusé ou omis de demander la *bonor. possessio*. Cette
conjecture est autorisée par ces mots : *si fiscus vacantia
bona occupaverit.* « D'ailleurs, dit M. Boissonade (2), si
» l'époux n'avait pas primé le fisc, on ne voit pas quand
» il aurait pu succéder, car le fisc ne faisait jamais
» défaut, et on ne comprendrait guère qu'il refusât,
» puisqu'il n'était pas, à Rome plus que chez nous, tenu
» des dettes au-delà des forces de la succession. »

Les textes répètent à l'envi que le préteur ne saurait
faire de véritables héritiers : *prætor non facit heredes* (3),
et qu'en conséquence, le *bonor. possessor*, sans être *heres*,
sera constitué *loco heredis*, avec l'interdit *quorum bonorum* et des actions utiles données pour et contre lui. Il
nous suffira de donner ces règles générales de la théorie
des *bonor. possessiones*, sans insister davantage sur le système du droit prétorien.

La réforme du préteur fut timide et le droit qu'il
octroya à l'époux survivant très précaire ; mais on comprend qu'il dût être gêné par les ménagements qu'il crut
devoir accorder à la loi civile et aux souvenirs aristocra-
tiques de l'ancien Droit. D'ailleurs, tant que la *manus*
resta dans les mœurs romaines, la *bonor. possessio undè vir*

(1) L. 1, C., *de Donat. inter vir. et ux.*, V. 16.
(2) *Op. cit.*, p. 69.
(3) Gaïus, III, § 32.

et uxor dut être d'un usage assez rare ; mais le jour où elle eut disparu, conclut M. Accarias (1), cette préférence absolue de tous les agnats et de tous les cognats au conjoint, en devenant une réalité, devint aussi une iniquité.

Troisième époque : Droit des Novelles.

Les constitutions impériales ne changèrent rien à l'état de choses existant. L'époux succéda toujours comme *bonorum possessor*, après tous les cognats du défunt, et ne prima que le fisc *(a)*. C'est en vain que, sous l'influence chrétienne, les idées se modifièrent à cet égard ; une tentative fut faite, il est vrai, à l'effet d'attribuer à l'époux un droit successoral meilleur, mais cette constitution, d'ailleurs inconnue aujourd'hui, fut bientôt abrogée par une constitution de Théodose II et Valentinien III, insérée au code Théodosien (2), et reproduite au code de Justinien (3).

Il faut toutefois signaler ici une importante innovation de Justinien ; il assimila presque entièrement les successions des affranchis à celle des ingénus (4), et suppléa

(1) Accarias, t. 2, p. 81.
(a) Malgré les Novelles 118 et 127, dans lesquelles Justinien refondit radicalement le droit de succession *ab intestat*, la *bonor. poss. undè vir et uxor* n'a jamais été abolie. Code, vi, 18.
(2) L. 9, *de Legit. hered.*, v, 1.
(3) L. un. C., *undè vir et uxor*, vi, 18.
(4) Instit., iii, 7, § 3. — l. 4, § 11, C. vi, 4.

3

toujours le contrat de fiducie dans l'émancipation des enfants (1); il put dès lors supprimer plusieurs possessions de biens, et, par suite, améliorer la position de l'époux, qui, s'il reste encore le dernier, se trouve du moins toujours au quatrième rang.

Mais il faut arriver aux Novelles 53 et 117 pour trouver une réforme sérieuse sur cette grave matière.

Justinien décida d'abord que le conjoint pauvre, qui n'avait constitué aucune dot, ni fait aucune *donatio propter nuptias*, prendrait un quart de la succession de l'époux prédécédé (2). Cette disposition fut d'ailleurs empruntée à des rescrits antérieurs (3), donnant la même décision pour le conjoint répudié sans cause. La Novelle 117 (4) ne fit que reproduire la même disposition, la modifiant en ce sens que, aussi bien en cas de divorce qu'en cas de prédécès, la quarte n'appartiendrait qu'à la veuve *indotata*. La Novelle restreignit en outre le droit de survie à une part d'enfant quand il y en avait plus de trois, et encore cette part ne fut-elle qu'en usufruit. C'est ce qu'on.a appelé *la quarte de la veuve pauvre non dotée*. L'homme peut se soustraire au besoin plus facilement que la femme : aussi le Législateur a-t-il voulu assurer une aisance relative à la veuve, dont l'apport au jour du mariage n'a consisté qu'en vertu et affection, pensant que la loi devait suppléer le mari, quand il n'avait pas pourvu aux besoins de sa veuve.

(1) Instit. III, 2, § 8. — L. 6, C., VIII, 49.
(2) Nov. 53, ch. 6 (an 137).
(3) L. 11, § 1, C. de Repud. — Nov. 22, ch. 18, 30.
(4) Nov. 117, ch. 5 (an 542).

Nous étudierons spécialement l'étendue et la nature de ce droit de la veuve.

§ 1. — *Etendue de ce droit.*

« Præterea si matrimonium sit absque dote, conjux
» autem præmoriens locuples sit, superstes verò laboret
» inopia; succedat unà cum liberis communibus alte-
» riusve matrimonii in quartam, si tres sint, vel paucio-
» res. Quod si plures sint, in virilem portionem; ut tamen
» ejusdem matrimonii liberis proprietatem servet, si exti-
» terint ; his verò non extantibus, vel si nullos habuerit,
» potietur etiam dominio, et imputabitur legatum in ta-
» lem portionem. » (1)

Tel est le texte de l'Authentique qu'Irnérius *(a)* com-
posa avec les Novelles 53, 74 et 117. Nous le donnons ici
parce qu'il nous semble que ses termes précis indiquent
assez clairement dans quelles conditions le droit se produit, et l'étendue de ce même droit. Ainsi il faut que le
mari prédécédé soit riche, et la femme pauvre et non dotée. La veuve pauvre, mais qui aurait été dotée, ne joui-
rait pas de ce bénéfice légal ; il eût été évidemment plus
naturel de ne s'attacher qu'à la situation pécuniaire actuelle de la femme.

(1) Code, vi, t. 18.

(a) Irnérius, qu'on a appelé *Lucerna juris*, est le chef de l'é-
cole des glossateurs, fondée à Bologne en 1178. — Quand parut
le texte original des Novelles, Irnénius soutint d'abord qu'il était
l'œuvre apocryphe d'un moine; mais il reconnut son erreur. Peut-
être est-ce dès lors que le texte entier prit le nom d'Authentiques.

Quant à la question de savoir quand le mari sera réputé *locuples* et la femme *inops*, la loi, muette à cet égard, en abandonne la solution à l'appréciation du juge, qui prendra surtout en considération la position sociale des époux (1).

D'après la Nov. 117, la veuve a droit à $\frac{1}{4}$, si elle concourt avec trois enfants au plus, issus de son mariage ou d'un mariage précédent du défunt; et ce quart ne peut jamais dépasser cent livres d'or. S'il y a plus de trois enfants, la veuve ne peut exiger qu'une part virile. Si la veuve concourt avec plus de trois petits-fils, issus d'un fils ou d'une fille, sera-t-elle réduite à une part virile, comme si elle concourait avec des enfants? La Novelle est muette sur ce point; mais nous pensons avec M. Accarias que, dans l'espèce, la veuve a droit à la quarte, « parce qu'il serait peu raisonnable que le prédécès d'un » enfant du défunt nuisit à sa veuve, ensuite parce que » Justinien attribue d'une manière générale à chaque » souche de petitsenfants la part qu'aurait eue leur auteur » prédécédé. »

Si la veuve prend sa quarte, peut-on soutenir qu'elle doit rapporter son propre patrimoine? Les termes de la Novelle 117 sont trop explicites pour que l'on puisse douter que c'est seulement sur le patrimoine du mari que la veuve prend sa quarte ou sa part virile; ils sont d'abord corroborés par la Nov. 53, ch. 6, § 1 : « Si verò quasdam

---

(1) Accarias, t. 2, p. 149, note 1. — M. Accarias ne mentionne qu'en note la quarte du conjoint pauvre, et encore en a-t-il besoin pour faire une hypothèse.

» res proprias mulier in domo viri aut alibi repositas
» habuit, harum actionem et retentionem habeat omni-
» bus modis imminutam. »

§ 2. — *Nature de ce droit.*

Merlin distingue (1) entre le cas où la veuve se trouve
en présence d'enfants communs et celui où elle concourt
avec des enfants nés d'un précédent mariage du mari ou
avec des collatéraux. Dans le premier cas, la quarte de la
veuve aurait consisté en un simple droit d'usufruit; et dans
le second, la veuve, en l'absence d'enfants communs,
aurait été propriétaire de sa quarte.

Pour ne pas embrouiller la question, nous croyons qu'il
faut, sur ce point, séparer la Nov. 53 de la Nov. 117.
Les termes généraux dont se sert Justinien dans la Nov.
53, ch. 6 : « Quartam partem ejus substantiæ accipere
uxorem, » nous paraissent condamner la distinction
proposée par Merlin, et nous pensons que la veuve a, dans
tous les cas, un droit de propriété.

Au contraire, si nous passons à la Nov. 117, il semble
résulter formellement de ses termes que la veuve, du
moins quand elle concourt avec des enfants communs, n'a
que l'usufruit de son quart ou de sa part virile. Telle est
d'ailleurs la doctrine qui a été longtemps admise par l'u-
nanimité des auteurs. « Ità quippe, ut *usum solum* in
« talibus rebus mulier habeat, dominium autem illis

---

(1) Répertoire, v. Quarte du conj. pauvre.

» filiis servetur, quos ex ipsis nuptiis habuerint. Si verô
» talis mulier filios ex eo non habuerit, jubemus etiam
» dominii jure habere eas res, quas ex viri facultatibus
» ad eam venire per præsentem jussimus legem. (1) » Les
termes de la Novelle sont on ne peut plus clairs.

Cependant un système tout différent, dont Lœhr est
l'auteur, a réuni en Allemagne de nombreux adhérents.
On invoque dans cette opinion un rescrit de Théodose et
de Valentinien (2), duquel il résulte que tout ce que
l'époux injustement répudié gagne au divorce doit être
conservé aux enfants issus du mariage dissous, sans pouvoir être hypothéqué ni aliéné: décision qui aurait été
étendue par Justinien à la quarte de la veuve pauvre non
dotée. Or, c'est à cela que se réfère expressément la Nov. 53,
et comme la Nov. 117 ne fait que reproduire les décisions des lois précédentes, nous devons en inférer la même
solution. En outre, la loi 8, § 7. C., de Repudiis, qui a servi
de modèle à Justinien, accorde à la mère, injustement répudiée, le droit de tester à son gré sur la part qu'elle a
prise dans les biens du mari; il doit en être de même dans
le cas de la Nov. 117, et on doit accorder le même droit
à la veuve; d'où il suit que si la veuve peut tester librement sur sa part, il ne peut être question de lui attribuer
un simple droit d'usufruit.

En résumé, tant que la mère vit, les enfants n'ont qu'un
droit futur et incertain; la mère doit conserver sa part
pour ses enfants, et en ce sens on peut bien dire qu'elle

(1) Nov. 117, ch. 5.
(2) L. 8, § 7, C. de Repud. — L. 11, § 1, C. de Repud.

n'a qu'un simple droit d'usufruit. Mais elle peut en disposer à son gré en faveur de tel ou tel de ses enfants, de telle
sorte que si l'un d'eux prédécède, ses héritiers ne trouve-
ront dans sa succession aucun droit à cette part, parce que
la mère n'a pas seulement l'usufruit, et que partant les
enfants n'ont pas la nue propriété; que si tous les enfants
viennent à mourir avant la mère, le droit de cette dernière
sur sa part devient complètement libre et illimité (1).

Ce système n'est pas le nôtre. « Sans méconnaître
» l'importance que peut avoir l'étude des relations histo-
» riques entre une loi et les lois qui l'ont précédée, nous
» estimons que les inductions qu'on peut tirer de là ne
» sauraient prévaloir contre le sens bien clair d'une loi
» formelle (2). » Que dit, en effet, Justinien dans la
Nov. 117? que la veuve n'aura que l'usufruit, s'il y a des
enfants issus du mariage, et qu'elle ne pourra prétendre
à la propriété de sa portion, que quand elle concourra
avec d'autres que ses enfants: « ut usum solum habeat,
« dominium autem filiis servetur. » La propriété des enfants doit donc demeurer intacte. Dans notre système, il
est évident que l'enfant, qui meurt avant la mère, trans-
met à ses héritiers la nue propriété qu'il a sur la portion
de la veuve. (3)

(1) Lœhr. Magazine, III. — Heidel. Jahrb.; p. 766.
(2) Morillot, op. cit., p. 203. C'est principalement au remarquable ouvrage de M. Morillot que nous avons emprunté l'exposé de
la théorie allemande. Et ce n'est que d'après un témoignage que
nous citons les auteurs d'outre-Rhin.
(3) Sic, Merlin, op. cit. — Mühlenbruch, § 637. — Puchta,
§ 456. — Boisson., op. cit., p. 72. — Lœhr lui-même s'est rangé
à cette doctrine.

Quels seront les droits de la veuve, si nous la supposons en concours à la fois avec des enfants communs, et
avec d'autres enfants issus d'un premier mariage du mari?
Justinien n'a pas prévu ce cas.

PREMIER SYSTÈME. — C'est celui de Merlin que nous avons
indiqué ci-dessus. La veuve a la propriété de sa part,
en tant qu'elle concourt avec des enfants d'un lit précédent, et elle en a seulement l'usufruit, en tant qu'elle
concourt avec des enfants communs.

DEUXIÈME SYSTÈME. — On peut dire encore que la veuve
reçoit simplement l'usufruit de toute sa part, et que la
propriété en est attribuée proportionnellement aux enfants
communs et à ceux du lit précédent.

TROISIÈME SYSTÈME. — On a enfin soutenu que la veuve
reçoit l'usufruit de toute sa part, et que la propriété en
est attribuée exclusivement aux enfants communs. Vange-
row (1) expose ainsi cette troisième doctrine : La Nov. 117
part de ce principe que, régulièrement, la veuve a simplement l'usufruit, et que la propriété ne lui est attribuée
qu'en un cas unique, celui où elle n'a pas d'enfants. Dans
l'espèce, les enfants communs auront donc seuls la propriété de la portion de la veuve, puisque Justinien dit
expressément que la présence d'enfants communs suffit
pour empêcher que la veuve ait la propriété de son lot,
et que, là où la veuve n'a que l'usufruit, la propriété ne
peut appartenir qu'à ses enfants.

C'est vrai, répondrons-nous. Mais la Novelle ne dit en
aucune façon que quand la veuve n'a que l'usufruit, la

(1) Vol. 2, Lehrbuch, § 448, p. 307.

propriété ne peut appartenir qu'aux enfants communs. La Novelle prévoit le cas le plus fréquent, celui où la veuve concourt avec des enfants communs et dit qu'en ce cas, la propriété adviendra à ces enfants. Mais elle n'a pas prévu l'hypothèse du concours d'enfants de lits différents. Le premier système paraît le plus logique et le plus juridique, et nous admettons volontiers que la veuve aura l'usufruit de sa part dans ses rapports avec les enfants communs, et la propriété, dans ses rapports avec les enfants du premier lit. Nous ne portons pas ainsi atteinte à la prétendue règle que, quand la veuve a de l'usufruit, la propriété ne peut appartenir immédiatement qu'aux enfants communs. Si plus tard les enfants du premier lit acquièrent une portion de la propriété demeurée à la veuve, ils ne la prennent que dans la succession de la femme et non dans celle du mari.

« Il ne paraît pas, remarque M. Boissonade (1), que » le droit du conjoint pauvre fût une réserve. » Il s'agit de s'entendre : sans doute il n'a pas droit à l'institution d'héritier, et il ne peut être question pour lui d'intenter la *querela*; mais les Novelles disent formellement que si le mari a laissé à sa veuve moins que la quarte, elle peut exiger qu'on lui complète sa part; que elle n'a rien reçu du mari, elle prend néanmoins sa part dans la succession. Ainsi donc ce que la loi veut avant tout, c'est que la veuve reçoive sa quarte, « *indè vitam sustentet* » (2). Elle devra donc imputer sur cette part toutes les dispositions faites à son profit.

(1) Boiss., *op. cit.*, p. 73.
(2) Nov. 106 de Léon le Philosophe.

En résulte-t-il que la veuve recueille sa part à titre
d'héritière ? Non. Nous supposons, bien entendu, que la
loi est obligée de suppléer la volonté absente du mari,
car si celui-ci avait laissé sa quarte à la veuve par disposition de dernière volonté, le mode de cette disposition
déterminerait la nature du droit de la veuve.

De nombreux auteurs ont soutenu que la veuve pauvre
est héritière, et qu'elle doit faire adition de l'hérédité,
en s'appuyant sur la Nov. 53, ch. 6, § 1 : « secundum
» quod in illius jure ex hâc lege heres exstiterit. »

Cette opinion ne nous paraît pas bien fondée. La Novelle
ne dit pas en effet à quel titre la veuve prend sa part,
ni quels moyens lui sont ouverts pour la recueillir. Le
passage discuté signifie simplement que la veuve supporte
une part héréditaire de dettes proportionnelle à celle
qu'elle prend dans l'actif. Tout semble indiquer d'ailleurs
que la veuve n'est pas héritière véritable. La Nov. 117
assimile complètement le cas où la femme a été répudiée
sans cause et celui où elle survit à son mari, pauvre et
non dotée ; la Novelle dit expressément que les enfants
sont héritiers, et que, dans les deux cas, la femme doit
recevoir un quart des biens du mari. Il faut en conclure
que la veuve n'est pas héritière, avec d'autant plus de
raison que la femme répudiée n'est pas héritière de son
mari, et ne réclame sa quarte que par une action personnelle, une *Condictio ex lege*. Il en est de même pour
la veuve pauvre.

En outre, le droit de la veuve n'est qu'un droit
d'usufruit, quand elle concourt avec des enfants ; et,

comme Maynz le fait justement remarquer, (1) « quand
» la part de la veuve est réduite à une somme déter-
» minée, v. g. : cent sous d'or, on ne peut guère plus
« qualifier sa succession de droit d'hérédité, que dans
» le cas où la loi ne lui accorde que l'usufruit, *usum*
» *solum*. »

Telle est la nature du droit de la veuve pauvre à l'époque de Justinien. « Telle qu'elle est, la Nov. 117 est encore
» préférable à notre droit actuel, inflexible dans sa
» rigueur pour le conjoint survivant, qu'il relègue
» après le douzième rang des cognats, en ne le préfé-
» rant qu'au fisc. La législation romaine, plus voisine
» que la nôtre des origines du christianisme, a ressenti
» plus directement aussi l'influence des idées chrétien-
» nes, déjà fort effacées lors de la rédaction de notre
» Code. Nous en sommes revenus aux principes forma-
» listes dont les vieux jurisconsultes romains s'étaient
» inspirés (2). »

La Nov. 106 de Léon le philosophe rétablit, en faveur
des veuves *inopes (id quod non rarum est)*, le droit de propriété, au lieu de l'usufruit, dans le cas même où elles
concouraient avec leurs enfants. Désormais la veuve
n'est plus tenue de conserver la propriété de sa part aux
enfants, elle peut en disposer à son gré et définitivement. Les enfants n'en acquerront la propriété que s'ils
deviennent les héritiers de leur mère, et si sa part existe
encore dans la succession.

(1) T. 2, p. 309, note 6, § 378, des Success. Irrégulières.
(2) Morillot, *op. cit.*, p. 213.

Tel est le dernier état de la législation byzantine sur cette matière. « Ce droit de quarte, établi par le Droit romain » en faveur du conjoint survivant pauvre, est assurément » une loi des plus belles, des plus justes et des plus » conformes au droit divin et au droit naturel (1). »

CHAPITRE II.

DE LA SUCCESSION TESTAMENTAIRE.

Section I : Epoque Républicaine

Dans le mariage avec *manus*, nous savons que la femme devient la *filia familias* de son mari, et par suite son *heres sua*. Le mari était donc tenu, dans son testament, d'instituer ou d'exhéréder sa femme (a); pour elle, comme pour tous les enfants, l'exhérédation doit être formulée impérativement, mais elle peut n'être exhérédée que *inter cæteros* (2).

---

(1) Boucher d'Argis. Traité des gains nuptiaux, chap. xiii, n° 4, p. 114.

(a) Remarquons que, dans les premiers temps de Rome, le père de famille était omnipotent en matière de disposition testamentaire : *uti legassit super pecunia, ità jus esto*. Mais, de bonne heure, on obligea le père à déclarer expressément qu'il exhérédait ses enfants. Cette réaction fut l'œuvre de la coutume. Voir Cicéron, *de Orat*. 1, 38.

(2) Ulp., *Regul*, xxiv, § 14.

L'omission de la femme ne nuit pas à la validité du testament, mais elle donne lieu au *jus accrescendi* (1), ainsi appelé, parce qu'au lieu de recueillir le droit que lui accorde la loi, comme héritière légime, ce qui violerait la règle : *Nemo partim testatus*, etc., la femme omise compte pour un héritier testamentaire de plus.

Si le mari avait fait son testament avant l'acquisition de la *manus* la *conventio in manum* de sa femme produisait l'effet de l'*agnatio postumæ filiæ*, et le testament, par suite rompu, devait être refait (2).

La femme, libérée de la *manus* par l'émancipation (3), était assimilée à une fille émancipée ; comme le préteur exigeait dans ce cas qu'elle fut instituée ou exhérédée, si elle était omise, le préteur lui donnait la *bonor. poss. contrà tabulas* (4). Dans ce cas, la femme n'acquérait pas l'hérédité sans adition, *ipso jure*, car elle n'était plus *heres*, sans doute elle était appelée *inter suos heredes*, mais il fallait qu'elle manifestât son intention au préteur : *invito nemini bonor. possessio adquiritur* (5).

Au cas d'exhérédation formelle de la femme, on peut croire qu'elle était admise à la *querela inofficiosi testamenti*, comme tout enfant exhérédé sans cause légime. Les textes de Gaïus et d'Ulpien font défaut sur ce point, et, dans le Digeste il n'est fait aucune allusion à la *manus*.

Dans le mariage libre, au contraire, la femme reste

---

(1) Gaïus, II, § 124.
(2) G., II, §§ 139, 159.
(3) G., I, § 137.
(4) G., II, § 135.
(5) L, 3, D., *de bonor. poss.*, xxxvii, 1.

indépendante; entre les deux époux, il n'y a pas de lien
de puissance, et par conséquent, de lien civil; il ne pouvait donc être question ici d'institution obligatoire en
faveur de la femme, ni de *jus accrescendi*, ni de *querela*,
ni de *bonor. poss. contrà tabulas*. Mais le mari pouvait donner à sa femme par testament, ce qu'il aurait pu donner
à un étranger. Dans ce cas, la femme, étant héritière
externe, a le droit de délibérer si elle fera adition ou
non (1); et de même que, pour être valablement instituée,
elle a dû avoir la *factio testamenti* au jour de la confec-
tion du testament, de même il faut qu'elle la possède
encore au jour du décès du testateur; sinon, sa vocation
ne s'ouvre pas. Mais il n'est pas nécessaire qu'elle soit
restée capable pendant tout le temps intermédiaire :
Media tempora non nocent. Au contraire, du jour de la dé-
lation de l'hérédité jusqu'au moment de l'adition, elle
doit conserver une capacité non interrompue (2).

Dans l'ancien Droit, les libéralités testamentaires entre
époux sont libres de toutes entraves. Ce n'était pas pour
acheter la concorde que l'un des époux aurait testé en
faveur de l'autre, puisque les testaments sont essentiellement révocables. D'ailleurs, les jurisconsultes nous
donnent le motif juridique de la non prohibition : *quia
excurrit in hoc tempus donationis effectus quo vir et uxor
esse desinunt* (3). Il n'était donc pas à craindre que ces
libéralités fussent le résultat d'une captation, comme en

(1) G., II, § 162.
(2) Florentinus, l. 49, § 1, *de Hered. instit.*, XXVIII, 5.
(3) L. 10, D., *de Donat. int. vir. et ux.*, XXIV, 1.

matière de donations entre-vifs, car elles ne dépouillaient jamais le testateur lui-même, mais seulement ses héritiers. En outre, ces libéralités pouvaient être fort légitimes, puisqu'elles permettaient au prémourant d'améliorer la situation du survivant.

Nous devons signaler ici la restriction apportée par la loi *Voconia* (1) à la capacité des femmes d'être instituées héritières par un testateur ayant plus de 100,000 as (2). Ce fut sur les instances de Caton l'ancien que cette loi fut votée, pour empêcher l'enrichissement excessif des femmes (a). Le mari, citoyen de la première classe, ne put donc plus instituer sa femme, tandis que celle-ci, quelque riche qu'elle fût, pouvait toujours instituer son mari. La loi créait donc une remarquable inégalité entre les époux et elle supposait, en outre, chez le testateur, l'absence des sentiments de la nature; elle méprisait dans la fille, la piété filiale ; dans la femme, l'amour conjugal. Aussi saint Augustin a-t-il pu dire : « *quâ lege quid iniquiùs dici aut cogitari possit, ignoro* (3). »

Ne pouvait-on du moins instituer la femme héritière avec un ou plusieurs cohéritiers, de telle sorte que, par le partage, elle ne pût recueillir au-delà du taux légal ? Les textes ne permettent pas de donner une solution pré-

(1) De l'an 585, *U. Cond.*
(2) Gaïus, II, § 274.
(a) « Cette loi, dit M. Accarias (t. 1, p. 780, note) atteste déjà
» un commencement d'abandon de la *manus* et une certaine insi-
» gnifiance de la tutelle des femmes : car on n'eût pas songé à
» limiter leur droit d'acquérir, alors que les unes ne pouvaient
» être propriétaires, ni les autres disposer de leur fortune. »
(3) XXIII, 549.

cise à cet égard. Mais il est à peu près certain que la prohibition était absolue, parceque le préléces, le refus ou l'incapacité des cohéritiers de la femme, pouvaient lui donner tout par l'effet du droit d'accroissement, car elle a vocation à l'universalité des biens ; et c'est précisément ce que la loi voulait éviter.

Il est aussi permis de croire que la loi *voconia* s'appliquait aux legs faits à la femme (b), sans quoi le but de la loi aurait été manqué complètement.

Nous savons au contraire que la loi ne s'appliquait pas aux fidéicommis universels faits en faveur des femmes (1). La loi fournissait ainsi un moyen aisé d'éluder ses prohibitions : le testateur n'avait qu'à instituer un tiers en le priant de restituer à la femme. Ainsi, Cicéron rapporte (2) que Sextus Peduceus, institué fideicommissaire, rendit toute la succession à la veuve du testateur. Ce dût être même le motif principal qui fit tomber cette loi en désuétude. A quelle époque disparut-elle définitivement ? C'est ce qu'on ne peut affirmer. Elle ne dut pas s'appliquer beaucoup sous l'Empire, parcequ'elle était républicaine, dit M. Boissonnade, par son principe et ses tendances.
« On avait craint, en effet, que les mœurs publiques ne
» s'amollissent par le trop grand développement de la
» fortune des femmes. Or, l'Empire despotique ne pou-
» vait se fortifier qu'avec l'affaiblissement des mœurs (3). »

(b) Certains auteurs ont pensé même que la loi *voconia*, qui frappait d'abord exclusivement les libéralités testamentaires, fut plus tard étendue aux successions *ab intestat*, *voconiand ratione*.
(1) Gaïus, II, § 274.
(2) *De fnib. bonor. et mal.*, lib. II.
(3) *Op. cit.*, p. 75.

— 49 —

Section 2. — Epoque Impériale.

LOIS DÉCIMAIRES

On appelle lois Caducaires, les lois *Julia de maritandis ordinibus* (1) et *Pupia Popæa* (2), « *quam senior Augustus,* dit Tacite de cette dernière, *post Julias rogationes, incitandis Cœlibum pœnis et augendo œrario, sanxerat* (3). » Ces quelques mots indiquent le but du législateur et nous apprennent qu'Auguste avait d'abord échoué devant le vote des comices, dans la présentation de la loi *Julia*.

La licence des mœurs, la fréquence des divorces, les proscriptions et les guerres civiles étaient autant de causes de l'abandon du mariage et de la décroissance progressive de la population ingénue. S'il faut en croire Suétone (4), la population de Rome, sous Auguste, était tombée de 400,000 à 150,000 âmes. Il ne restait qu'un petit nombre de citoyens romains : encore était-il noyé sous le flot des affranchis, des pérégrins et des esclaves. Le législateur fut effrayé; il crut pouvoir remédier au mal en poussant les citoyens au mariage et à la procréation légitime. Le moyen consista à frapper le célibat et les unions infécondes de la perte totale ou partielle des libéralités testamentaires, et par contre à récompenser la

(1) De l'an 757, *urb. cond.*
(2) De l'an 762, *urb. cond.*
(3) Ann., 3, § 23.
(4) Vie de César, 42.

4

paternité par l'attribution privilégiée des dispositions ainsi
atteintes, et de certaines autres qui échappaient à leurs
destinataires. Auguste organisa le système des lois caducaires. « Grossières et matérialistes entre toutes, ces lois
» considéraient le peuple romain comme un troupeau
» dont le législateur avait la garde et l'entretien, et où
» tout vide venant à se produire devait être soigneuse-
» ment comblé. Le mariage devenait une corvée civique,
» non pas pour lui-même, mais pour la procréation des
» enfants, à laquelle il tendait essentiellement (1). »

On ne comprend pas que Montesquieu ait exprimé un
sentiment contraire (2).

Passons à l'examen des rigoureuses dispositions de ces
lois. Remarquons tout d'abord que, conformément au
droit commun, les successions *ab intestat* ne tombaient pas
sous l'application des lois caducaires.

Tandis que les étrangers mariés, mais sans enfants,
pouvaient recevoir la moitié de la libéralité qui leur était
adressée, les époux *orbi* (a) ne pouvaient recevoir l'un de
l'autre, par testament, en vertu du mariage seul, qu'un
dixième, plus l'usufruit du tiers de la libéralité soumise
au retranchement (3); s'il y a des enfants, l'époux peut
recevoir la pleine propriété du tiers. Chaque enfant d'un

précédent lit, vivant lors de l'ouverture du testament, donne à l'époux une capacité d'un dixième, *præter decimam quam matrimonii nomine capiunt.* De là vient le nom de *lois décimaires*, donné aux lois Julia et Papia, dans leurs dispositions applicables aux époux.

Les époux jouissaient en outre d'une faveur spéciale : un et jusqu'à deux enfants morts, issus de l'union commune, pourvu qu'ils fussent décédés après le *dies nominum* (b), leur donnaient droit à un ou deux dixièmes.

Il y avait encore des cas nombreux où les époux étaient, entre eux, *solidi capaces.* La *solidi capacitas*, ou capacité de recevoir entre époux tout le gain de survie, avait lieu dans douze cas :

I. Il y a un ou plusieurs enfants :

1° Quand l'époux survivant avait neuf enfants existants d'un précédent mariage : chaque enfant lui donnait droit à un dixième, et il prenait le dernier dixième comme époux;

2° Quand il avait trois enfants communs décédés après le *nominum dies*;

3° Ou deux enfants communs, morts à l'âge de trois ans;

4° Ou un enfant commun mort pubère;

5° Ou un enfant commun mort impubère, mais dans les dix-huit derniers mois;

6° Ou un enfant commun actuellement vivant;

7° Ou un enfant commun posthume, né dans les dix mois de la mort du mari.

(b) On donnait les noms huit jours après la naissance pour une fille, neuf jours après, pour un garçon.

II. Il n'y a pas d'enfants.

8° Quand les époux ou l'un d'eux n'avaient pas encore atteint l'âge auquel la loi exigeait qu'on eût des enfants : c'est-à-dire 25 ans pour le mari, et 20 ans pour la femme;

9° Quant ils avaient dépassé en état de mariage les années extrêmes (*finitos annos*), après lesquelles la loi n'espérait plus d'enfants : c'est-à-dire 60 ans pour le mari et 50 pour la femme; si un sexagénaire épouse une quinquagénaire, le sénatus-consulte Pernicien décidait qu'ils ne pouvaient se rien donner, parcequ'ils n'avaient point accompli leur obligation en temps utile. La loi n'admettait pas les mariages inutiles. Si un sexagénaire épouse une femme qui n'a pas 50 ans, le sénatus-consulte Claudien décidait que la vieillesse de l'un se compenserait avec la jeunesse de l'autre et les exemptait tous deux des peines de l'*orbitas*. Si une quinquagénaire épouse un homme qui n'a pas encore 60 ans, ce mariage est dit iné-gal, et le sénatus-consulte Calvitien décidait qu'il ne ser-virait de rien pour conférer aux époux la capacité de recevoir des hérédités ou des legs;

10° Quand les époux étaient cognats au sixième degré;

11° Quand l'*orbitas* avait pour cause l'absence du mari pour le service de l'Etat, *donec abest et intra annum post-quàm abesse desierit;*

12° Quand les époux avaient obtenu du sénat ou du prince le *jus liberorum* (Dans ce cas, les époux avaient entre eux *libera testamenti factio*) (1).

Il se peut maintenant que les époux ne puissent absolu-

(1) Ulp., Reg., XVI, *de sol. capac. inter vir. et ux.*, §§ 1, 3.

ment rien recevoir l'un de l'autre, quoiqu'ils aient les enfants ou qu'ils se trouvent dans l'un des cas précédents; c'est lorsque le mariage était contraire aux lois Julia et Papia, v. g. : quand un citoyen avait épousé une femme notée d'infamie, ou quand un sénateur s'était allié à une affranchie, (1).

Toutes ces décisions qui, à l'origine, s'appliquaient exclusivement aux institutions d'héritier et aux legs, furent étendues aux fidéicommis, sous Vespasien, par le sénatus-consulte Pégasien (2). On peut admettre qu'à partir de cette époque, les fidéicommis entre époux furent soumis aux lois décimaires.

Les lois caducaires furent de tout temps impopulaires : aussi les testateurs imaginèrent-ils plusieurs expédients pour les éluder. Les lois suivent les mœurs des peuples et changent avec elles. A Rome, l'immoralité montait toujours : les efforts du législateur furent impuissants, *leges canæ sine moribus*. Comme on l'a remarqué avec raison (3), « ce n'est ni en violant la liberté des personnes qui dis-» posent, ni en excitant la cupidité de celles qui reçoi-» vent, qu'on relève la dignité d'un peuple. »

Ainsi, pour y être contraint, on ne se maria pas davantage. Le célibat, fils du luxe, garda sa prééminence. « On » ne se mariait que pour divorcer (4). » Les Romains se mariaient, dit Plutarque, pour être héritiers, et non pas pour avoir des héritiers. Les lois d'Auguste qui avaient

(1) Ulp. Reg., xvi, § 2.
(2) Gaïus, ii ; § 286.
(3) Accarias, t. 1, p. 904.
(4) Tertullien, Apologétique, 6.

bouleversé la théorie des testaments, et sacrifié sans scrupule de nombreux intérêts, n'eurent d'autre résultat que d'engendrer des chicanes, des recherches fiscales, et de porter le trouble dans les familles.

Les lois décimaires survécurent aux lois caducaires, dont pourtant elles faisaient partie. Constantin abolit les peines du célibat, que favorisait le christianisme, et maintint celles de l'orbitas, pour les époux seulement, par crainte de captation (1). Théodose le Grand en affranchit les décurions (2).

Enfin Honorius et Théodose II les supprimèrent complètement, an 410 de J.-C. (3).

Dès lors, la capacité des époux de se faire des liberalités testamentaires fut rétablie dans son intégrité primitive. Remarquons seulement que les unions immorales demeurèrent seules frappées à cet égard de déchéances, instituées dans l'intérêt même du mariage légal (4).

CHAPITRE III

DU CONVOL DE LA VEUVE.

Comme nous l'avons annoncé, nous examinerons dans ce chapitre l'influence du convol de la veuve tant sur les

---

(1) C. Théod., L. 1, *de Infirm. parn. cœl.*, VIII, 58, 16.
(2) L. 121, C. Théod., *de Decur.*, XII, 1.
(3) L. 2, C. *de Infirm. parn. cœl. et decim. subl.*
(4) Voir Nov. 89, ch. 12. — Cfr. l. 6, C. *de Incest. et inut. nupt.*, et Nov. 12.

avantages à elle conférés par le mari prédécédé, que sur ceux qu'elle pourrait conférer à son nouveau conjoint.

A l'origine de Rome, les mœurs étaient chastes. Les seconds mariages étant réprouvés par les mœurs, les veuves restaient fidèles à la mémoire de leur mari, et la qualification d'*univiria* était un titre d'honneur pour une femme.

Quand parurent les lois caducaires, au contraire, les seconds mariages furent encouragés. La conservation de la dot devint, sous Auguste, d'ordre public. Aux yeux du législateur, l'intérêt des mœurs et de la population parlait plus fort que l'intérêt des enfants d'un premier lit. La veuve, assimilée au célibataire, encourait les peines du célibat, si elle ne se remariait pas dans un délai légal; elle ne pourrait toutefois, sous peine d'infamie, se remarier dans les dix premiers mois du deuil.

Les Empereurs chrétiens, se plaçant à un autre point de vue, envisagèrent les secondes noces comme contraires à la morale publique, et surtout comme dangereuses pour les enfants du premier lit. Le convol trop prompt de la veuve comporta toujours une prohibition d'ordre public, parce qu'on pourrait craindre une confusion de part (*perturbatio sanguinis*). Soit en lui-même, soit quand il intervenait trop tôt, le convol fut frappé de peines et de déchéances juridiques, les unes consistant en une diminution des avantages reçus du prémourant, les autres consistant en une restriction de la faculté de faire des libéralités à son nouveau conjoint.

I. Occupons-nous d'abord des premières peines, de celles qui diminuent les avantages que la veuve a reçus de son mari.

En 383, les Empereurs Gratien, Valentinien II et Théodose I⁰ⁿ édictèrent la constitution *Feminæ quæ* (1) : la veuve qui se remarie, ayant des enfants, perd la propriété de tous les dons et avantages que son premier mariage lui avait procurés, à quelque titre que ce fût. Elle garde l'usufruit, mais elle doit conserver intégralement tous les biens pour les enfants du premier mari, ou du moins pour celui d'entre eux qu'elle choisira.

Justinien modifia ces dispositions. Par la Nov. II, chapitre 1ᵉʳ, il enleva à la veuve remariée le droit de choisir parmi les enfants du premier lit celui qui bénéficierait des biens réservés, et par la Nov. XXII, chapitre 23, il établit une parfaite égalité entre les enfants. L'aliénation des biens réservés, quoique antérieure au convol, est révoquée par ce convol : la veuve n'a pu transférer la propriété que sous la condition résolutoire de son convol. Toutefois, les enfants du premier lit ne peuvent revendiquer que quand leur nue propriété s'est complétée de l'usufruit appartenant à la mère, c'est-à-dire après sa mort. Si donc aucun enfant ne survit à la *mater binuba*, et s'ils ne laissent pas de descendants, l'aliénation entière reste valable ; dans le cas contraire, l'aliénation est nulle pour le tout. Que si un ou plusieurs enfants prédécèdent, sans laisser de descendants, la veuve remariée acquiert une quote-part égale à celle que les conventions matrimoniales lui attribuaient pour le cas où le mariage serait demeuré stérile (a). Dans ce cas, l'aliénation reste

---

(1) L. 3, C. *de Sec. nupt.*, v, 9.
(a) C'est le *pactum non existentium liberorum.* — Nov. 2, ch. 2. — Nov. 22, ch. 26, pr.

valable jusqu'à concurrence de cette quote-part, tandis qu'elle est nulle pour la portion que recueillent les autres enfants survivants (1).

La constitution *Generaliter* (2) de Théodose II et Valentinien III avait dispensé les enfants d'être héritiers du *parens* prédécédé, pour jouir du bénéfice que leur donnait la constitution *Feminæ*; il leur suffisait d'être héritiers du survivant. Par la Nov. 22, chapitre 26, § 1, Justinien n'exigea même plus qu'ils le fussent de l'un de leurs auteurs.

La Nov. 98, chapitre I, décida que les gains nuptiaux n'appartiendraient jamais qu'en usufruit au conjoint survivant, même non remarié : la propriété actuelle est transmissible, étant acquise aux enfants à partir du décès. Après plusieurs autres modifications, Justinien rétablit une différence nécessaire entre le convol et la fidélité au premier mariage, par la Nov. 127, qui accorde à l'époux non remarié une part virile dans les *lucra nuptialia*. La peine des secondes noces s'étendit certainement à cette part virile (3).

Enfin, dans la Nov. XXII, chapitres 32 et 33, Justinien abroge une constitution de Valentinien II, Théodose Iᵉʳ et Arcadius (an 392), par laquelle la femme, à qui son conjoint avait donné de l'usufruit, perdait ce droit par le convol; mais on tiendra toujours compte de la volonté du donateur, s'il avait stipulé que l'usufruit ferait retour à la nue propriété, en cas de secondes noces.

(1) Nov. 22, ch. 26, l. 8 et 11, modifiant la Nov. 2, ch. 2.
(2) An 444. — l. 5, C., v, 9.
(3) Nov. 22, ch. 30.

II. Le législateur ne devait pas s'arrêter là ; il devait prévoir aussi le cas où la veuve, ayant des enfants d'un autre lit et possédant des biens propres, s'en dépouillerait en faveur du second mari, par des donations exagérées.

Léon et Anthémius pourvurent à ce danger par la célèbre constitution *IIde edictali lege* (1), en limitant à une part d'enfant le moins prenant ce que l'époux binube pourrait donner à son nouveau conjoint.

Environ deux ans avant l'apparition de la constitution *Femina*, les empereurs Théodose Ier et Valentinien II (2) avaient déjà ajouté une peine pécuniaire à l'infamie dont l'édit du préteur frappait la veuve remariée dans les dix mois du deuil. Ils étendirent même à un an le délai pendant lequel la veuve devait garder la religion du deuil, *religionem luctus*. Mais ils ajoutèrent à l'infamie une sanction nouvelle : d'abord, la veuve perdait les gains de son premier mariage ; en outre, tandis qu'en principe, la femme pouvait se constituer tous ses biens en dot (3), sans qu'on pût y voir une libéralité, la constitution *Femina* disposa que la veuve *infamis* ne pourrait désormais donner en dot à son nouveau mari plus d'un tiers de ses biens ; et elle ne put lui laisser plus du même tiers par donation *mortis causâ* ou par testament.

La constitution *IIde edictali*, applicable au veuf et à la veuve, réduisit ce tiers à une part d'enfant le moins prenant, au cas où, par suite d'avantages, les enfants du pre-

(1) An 469. — L. 6, C., v, 9.
(2) L. 1, C., v, 9.
(3) L. 72, pr., D., *de J. dot.*, XXIII, 3. — l. 4, C., *de J. dot.*, v, 12.

mier lit auraient des parts inégales (1). Si la disposition dépasse ces limites, les enfants du premier lit se partageront l'excédant.

Justinien, législateur bien inconstant en notre matière, décida (2) que le profit de la réduction serait partagé également entre les enfants des deux mariages ; mais quelque temps après dans la Nov. 22, ch. 27, il rendit la préférence aux enfants du premier lit par cette raison : *Hoc tamen etiam nunc nobis non placet!* Le partage de l'excédant entre les enfants du premier lit n'a d'ailleurs pas lieu proportionnellement à leurs parts héréditaires, mais par parts égales (3).

Pour calculer la part du second conjoint, il ne faut pas compter l'enfant qui a mérité l'exhérédation, et il faut toujours se placer au moment de la mort de l'époux binube (4).

Enfin, dans la même Novelle 23, ch. 31, Justinien défendit que l'époux remarié pût diminuer la dot ou la *donatio propter nuptias*, apportée par lui à son nouveau conjoint, sous prétexte qu'elle excéderait le taux de la constitution *IIde edictali*. C'était entraver la liberté de l'époux binube, et protéger les enfants du premier lit, auxquels un droit exclusif à ces *lucra nuptialia* était reconnu (5).

En résumé, les secondes noces, si favorables sous les lois Caducaires, exercèrent, à la fin de l'Empire, une influence restrictive énergique sur les libéralités entre époux.

(1) L. 6, pr., C., v, 9.
(2) L. 9, C., de Sec. nupt.
(3) Nov. 22, ch. 27.
(4) Nov. 22, ch. 28.
(5) Nov. 90 de Léon.

Dès le quatrième siècle, dans le concile de Néo-Césarée, l'Eglise punit les secondes noces et prohiba les troisièmes. A l'exemple de l'Eglise, Justinien réprouva les seconds mariages, et n'eut de faveur, comme le dit M. Gide, que pour la viduité. (a)

Enfin, au commencement du IXe siècle, Constantin Porphyrogénète prohiba les troisièmes noces, seulement au cas d'enfants d'un premier lit, et les quatrièmes, dans tous les cas.

(a) A plus d'un titre, Justinien mérita l'épithète d'*uxorius* que lui donna Paganini en 1538. Voir Thesaurus Meermanni, t. 2, p 701, 711, ch. 10.

TROISIÈME PARTIE

ANCIEN DROIT FRANÇAIS

CHAPITRE PRÉLIMINAIRE

Notre intention est de donner un aperçu rapide de la situation faite à la veuve dans les diverses périodes de notre ancien droit, en insistant spécialement sur les institutions du droit coutumier et du droit écrit.

I. Le droit privé des Gaulois, avant la conquête par César, nous est très-peu connu. Malgré les tentatives les plus autorisées et malgré les recherches les plus patientes pour retrouver des origines celtiques dans les coutumes françaises, on peut dire avec la plupart des auteurs que le droit primitif de nos ancêtres a disparu sans laisser de traces. (a)

Ce n'est que dans César ou dans Strabon que l'on trouve

(a) On a cru retrouver des empreintes du droit celtique dans le code d'Howel le Bon, roi de Cambrie, et dans la très ancienne coutume de Bretagne, rédigée seulement au XIVᵉ siècle. Le recueil des lois et coutumes du pays de Galles est lui-même du Xᵉ siècle. Il est d'ailleurs impossible d'avoir des documents originaux, car les Gaulois n'écrivaient pas la loi : les Druides en étaient les dépositaires et la savaient par cœur.

des indications générales, ou des détails d'organisation sociale qui s'appliquent aux différents peuples de la Gaule pris dans leur ensemble.

Le passage le plus important est celui où César nous décrit le régime matrimonial usité dans la Gaule ; c'est le seul texte qui se rapporte aux droits de survie des époux. César ne parle ni des successions, ni des testaments; il est vraisemblable que les époux ne se succédaient pas *ab intestat*, et que le testament était inconnu.

L'égalité de condition n'existait pas entre époux : elle était cependant observée dans les rapports pécuniaires. Voici le texte de César : « Viri, quantas pecunias ab uxo-
» ribus, dotis nomine acceperunt, tantas ex suis bonis,
» æstimatione factâ, cum dotibus communicant. Hujus
» omnis pecuniæ conjunctim ratio habetur, fructusque
» servantur. Uter eorum vitâ superaverit, ad eum pars
» utriusque cum fructibus superiorum temporum perve-
» nit. (1) »

Ainsi le mari apporte au ménage une somme égale à la dot de la femme : on confond ces deux apports, l'on en conserve les fruits, et l'on attribue le tout à l'époux sur-vivant.

Ce texte a donné lieu à bien des explications. Les uns y ont vu une sorte de communauté partielle avec gains de survie; les autres, une convention particulière qui aurait frappé d'inaliénabilité pendant le mariage les apports des deux époux et les revenus de ces apports (2). Chacun a

(1) *De Bello gallico*, vi, 19.
(2) M. Humbert, Histoire des rég. nupt., Rev. histor. de lég., 1858, p. 530 et suiv.

analysé le texte selon les besoins de la thèse qu'il soutenait.

M. Boissonade (1) pense, à son tour, que l'estimation qui était faite des deux apports opérait une sorte de vente au mari et lui laissait dès lors la pleine disposition des biens. Il compare le régime nuptial des Gaulois à la combinaison de la dot adventice avec la donation anté-nuptiale dans le droit du Bas-Empire. « Là aussi, dit-il, il y » a une réunion dans les mains du mari de la dot de la » femme et d'un apport du mari ; l'égalité s'y trouve » pareillement ; un seul compte en est dû et le survivant » gagne les deux valeurs confondues. » Ce rapprochement comporte d'ailleurs quelques différences, et n'implique pas que le gain de survie du Bas-Empire se soit inspiré de celui des Gaulois ; car M. Boissonade ne croit pas que le droit celtique se soit survécu à lui-même.

Quoi qu'il en soit, nous pensons que c'est à tort que l'on a voulu voir l'origine de notre communauté de biens dans le régime nuptial des Gaulois : cette question fait l'objet d'une des positions de notre thèse, nous n'insistons pas. Que l'on nous permette seulement d'appliquer à l'origine du régime de communauté ce beau passage de l'*Esprit des Lois* : « un chêne antique s'élève ; l'œil en voit de loin » les feuillages ; il approche, il en voit la tige, mais il n'en » aperçoit point les racines ; il faut percer la terre pour » les trouver (2). »

Sortons des ténèbres du droit primitif.

(1) *Op. cit.*, p. 120-122.
(2) *Esprit des Lois*, liv. 30, ch. 1.

II. César adjoint la Gaule à l'*imperium romanum*. Avec la conquête, la civilisation et les lois romaines pénétrèrent dans les Gaules, quoiqu'il fût de principe que Rome n'imposait pas son droit privé aux peuples vaincus. Il est permis de croire que nos pères durent s'assimiler promptement les usages et les institutions de leurs vainqueurs : les motifs sont nombreux à l'appui de cette opinion. César nous dépeint les Gaulois faciles à se plier aux innovations; la législation de Rome était déjà bien développée; les jeunes Gaulois allaient à Rome apprendre le latin et étudier le droit; Claude abolit le Druidisme et le Christianime pénètre dans les Gaules.

L'uniformité se fit peu à peu.

Il faut donc admettre que les dispositions du droit romain sur les gains de survie entre époux, à l'époque classique, furent appliquées en Gaule et que, par conséquent, la veuve put bénéficier de la *bonor. poss. undè vir et uxor*, créée par le préteur.

Les libéralités testamentaires durent être peu fréquentes, car, chez les Gaulois, le lien du sang resta la base du droit héréditaire. En outre, le conjoint survivant dut toujours bénéficier du gain de survie dont parle César.

III. A l'époque gallo-romaine succède historiquement l'époque barbare, celle qui date de l'invasion germanique.
« Les lois des Barbares et celles des Romains, dit un savant auteur, se trouvèrent en présence dans la Gaule. Les premières n'étaient que les coutumes rédigées d'un peuple non encore civilisé, simples, appropriées à ses besoins de chaque jour; les secondes, au contraire, étaient les lois d'un peuple vieilli dans la civilisation,

« d'autant plus compliquées que ses besoins étaient mul-
» tiples, ne se suffisant plus à elles-mêmes et déjà pas-
» sées à l'état de science dans les écrits de leurs admira-
» bles interprètes (1). » Les Germains laissèrent leurs
lois aux vaincus et conservèrent leurs coutumes nationa-
les; mais ils firent rédiger les unes et les autres. L'époque
barbare ou gallo-germanique n'est pas pauvre de monuments législatifs, mais il est incontestable que la plus
grande confusion régna dans la législation, parce que les
peuples différaient par les lois, par les mœurs, par le
langage et par les intérêts politiques. Ce n'est que plus
tard, avec la fusion des races, que se consomma la fusion des lois.

Les lois des Francs sont pour nous les plus importantes : les lois Salique et Ripuaire, qui datent de l'origine
de la monarchie, furent rédigées pour la dernière fois
sous Charlemagne. Les autres lois qui furent en vigueur
sur le sol de la Gaule sont : la loi des Visigoths (Bré-
viaire d'Alaric) pour le Midi, et la loi des Burgondes,
pour le sud-est de la Gaule. Ce dernier peuple avait
d'abord le Papien, comme *lex romana*, et la loi *Gom-
bette*, comme loi nationale.

C'est cette grande diversité de lois, chaque peuple de
la Gaule ayant les siennes propres, qui donna naissance
à la théorie de la personnalité des lois : c'est l'origine
d'un individu, et non la portion de territoire habitée qui
détermine la loi qui lui est applicable. On a pu soutenir,
à tort il est vrai, en s'appuyant sur l'interrogation usitée:

(1) M. Ginoulhiac, *op. cit.*, p. xxiii.

5

quâ *lege viris?* que chaque sujet franc pouvait choisir
la loi selon laquelle il voulait être jugé. Ce n'était pas un
choix, mais une déclaration de nationalité que l'un des
adversaires ou contractants demandait à l'autre.

Nous allons maintenant rechercher les dispositions de
ces lois qui se réfèrent aux droits successoraux de la
veuve. Les textes sont rares et quelquefois incertains sur
cette matière, les lois sont très diverses, les transformations nombreuses, la solution difficile à donner. Disons
d'abord un mot de la situation de la femme dans la famille germaine.

Comme dans toutes les sociétés qui se forment, la femme germaine était pendant toute sa vie en puissance. Lorsqu'elle devait se marier, le mari achetait le *mundium*,
qu'il acquérait sur la femme, à ceux qui allaient se dé-
mettre de la puissance en sa faveur, c'est à dire aux parents de la femme. Quand la femme devenait veuve, elle
passait sous la puissance des parents mâles de son mari
ou de ses fils, jusqu'à ce qu'un nouvel époux l'achetât
de nouveau. Le *mundium* était comme un droit pécuniaire
qui faisait partie de la succession : la veuve demeure incapable, dépendante, étrangère à sa propre famille, et
si elle se remarie, ce sont les héritiers du premier mari
qui reçoivent le prix du *mundium*.

Dans les lois Salique et Ripuaire, le prix d'achat pour
une veuve s'appelle *reipus;* pour les filles, on dit seulement que le mariage se fait *per solidum et denarium.*

Le *mundium* germanique était un simple droit de protection et de tutelle, et n'avait par conséquent rien de
commun avec la *manus* romaine. « Avec le temps, et

« grâce à quelque adoucissement des mœurs, le prix
« d'achat cessa d'être payé aux parents de la femme ;
« celle-ci en reçut d'abord une partie (1), puis enfin la
« totalité, et c'est à partir de ce moment surtout que le
« nom de *meta* est le plus usité (2). » Mais, avant de se
confondre avec le prix d'achat du *mundium*, la *meta* ou
dos dut être une donation distincte que le mari faisait à
sa nouvelle épouse. Tacite nous dit en effet que le mari
apportait une dot à la femme.

Il est certain aussi que la femme apportait une dot ou
des armes en présent au mari. On appela d'abord cet apport *faderfium* (troupeau du père), et plus tard, *mari-
tagium*, pour le distinguer de la *dos* du mari ou *pretium
nuptiale*. La femme survivante reprenait son apport.

En vue du mariage et pour l'acquisition du *mundium*,
le mari donnait la *meta*, *dos* ou *dotalitium*, mais nous
venons de voir que ce prix d'achat avait changé de nature
et était devenu un avantage matrimonial pour la femme.

Il est question, dans la loi Ripuaire (3), d'une seconde
donation que le mari faisait à son épouse le lendemain des
noces et qui, pour cette raison, était appelée *morgen-gabe*,
don du matin ; c'était comme un *pretium virginitatis*.
Pour les veuves, on avait admis un don du soir, *abend-
gabe* (4). Cette seconde donation était très usitée chez tous
les peuples germains.

Consistait-elle en propriété ou en usufruit seulement ?

(1) L. *burg.*, tit. 66, § 1.
(2) L. *longob. Rotharis*, ch. 178. — Boiss., *op. cit.*, p. 135.
(3) Tit. 37, § 2.
(4) Ginoulhiac, *op. cit.*, p. 202.

Était-elle acquise irrévocablement à la femme le lendemain des noces, ou était-elle soumise à la condition ultérieure de survie? Ce sont deux questions controversées,
sur lesquelles on nous permettra de ne pas nous arrêter.

L'usage s'introduisit peu à peu de promettre la *dos* ou
dotalitium en même temps que le *morgen-gabe*; et ces
deux avantages matrimoniaux finirent par se confondre
sous le nom de *douaire*. « L'Église ne fut pas favorable
» au *morgen-gabe*; comme *pretium virginitatis*, il était
» peu compatible avec la dignité de la femme et le carac-
» tère devenu tout à fait religieux du mariage (1). » De
plus, sa nature de don facultatif laissait trop à l'arbitraire du mari.

Dans le concile d'Arles (an 524), l'Église fit prévaloir
la maxime : *nullum sine dote fiat conjugium*; et, depuis cette
époque, le mari fit une donation obligatoire, dans la
mesure de ses moyens, *ad ostium ecclesiæ*. Le nom de
morgengabe disparut peu à peu, et fut remplacé par le
dotalitium, *dotarium*, qui devint enfin *doarium*. Ce douaire
n'était autre chose que l'ancienne *dos*, prix du *mundium*.
Il n'était définitivement acquis à la femme qu'après la
consommation du mariage : c'était là un des caractères
constitutifs du *morgengabe*, que nous retrouverons ainsi
formulé dans nos anciennes coutumes : « Au coucher,
femme gaigne son douaire (2). »

Le douaire fut, dans l'origine, purement conventionnel;
il put comprendre des immeubles comme des meubles,

(1) Boiss., *op. cit.*, p. 143.
(2) Beaumanoir, XIII, 25.

et consister en propriété ou en usufruit, selon les conventions établies par la charte matrimoniale.

A quelle époque le douaire, de conventionnel et exprès qu'il était, devint-il légal ou tacite ? C'est ce qu'il est difficile de déterminer. Les meilleurs esprits sont divisés sur cette question. Dans une première opinion, on se fonde sur un passage de Beaumanoir (Cout. du Beauvoisis, XIII, 18), où il est dit que, jusqu'à l'ordonnance de 1214 de Philippe-Auguste, le douaire se constituait à la porte de l'église, en présence du prêtre, le mari adressant à la fiancée ces mots : « du douère qui est devisé entre mes parens et les tiens je te doue. »

Mais cet usage, répondrons-nous, n'est pas incompatible avec l'existence du douaire légal ; d'ailleurs, les lois germaniques fixaient déjà la quotité de la dot que le mari apportait à la femme, et avaient ainsi établi un gain légal de survie pour la femme : c'était tantôt l'usufruit d'une part d'enfant, tantôt l'usufruit du tiers des biens du mari. Il faut voir là l'origine du douaire légal. Au surplus, un texte des Assises de Jérusalem, antérieur à Philippe-Auguste, admet, pour les Croisés de la Palestine, un douaire coutumier (1). Pour expliquer le passage de Beaumanoir, on peut dire, avec M. Laboulaye, qu'il a confondu l'élévation du taux, du tiers à la moitié, avec l'institution elle-même, ou bien qu'il avait en vue la femme roturière qui, avant 1214, n'avait pas de douaire légal. Nous pensons donc, avec la majorité des auteurs (2), que le douaire légal dut s'introduire dès le

(1) Haute Cour ; livre de Geoffroy le Tort, art. 16.
(2) Laboulaye, *op. cit.*, p. 119 ; — Ginoulhiac, *op. cit.*, pp. 208-213. — Boissonade, *op. cit.* pp. 115-117.

vIII° ou IX° siècle. La constitution du douaire devint de bonne heure d'un usage presque universel, car elle était nécessaire pour la validité du mariage ; dès lors, on peut admettre que la coutume finit par établir que toute veuve aurait, de plein droit et sans convention spéciale, la jouissance d'une partie des biens de son mari, au décès de ce dernier.

Comme l'a si bien exprimé Kœnigswarter (1) : « La « reconnaissance de l'époux et la prévoyance du père « trouvèrent une heureuse combinaison du prix d'achat « et du don du matin, laquelle, favorisée par les conciles « et les capitulaires, devint le douaire, d'abord conven- « tionnel, puis légal ou coutumier. »

Mentionnons un autre droit de l'épouse, qui lui est reconnu par la plupart des lois germaniques : c'est le droit à une portion des acquêts faits en commun. La loi Ripuaire lui donne : *tertiam partem de omni re quam simul collaboraverint* (2) ; la loi saxonne lui donne la moitié des acquêts (3) ; un capitulaire de Louis le Débonnaire décide que la femme aura le tiers des biens acquis en collabora- tion sur les possessions bénéficiales, et la moitié des acquêts faits sur les autres biens (4). Ces mots du capitu- laire : *tàm ad orphanos quàm ad uxorem pertinere volumus,* ont suscité une controverse sur la quotité du droit de la veuve. S'agit-il pour elle d'une part d'enfant ou de la moitié des biens ?

(1) Mém. sur le développ. de la soc. hum., Rev. de législ , 1849, t. 34, p. 179

(2) Tit. 37, § 2.

(3) Tit. 9.

(4) *Capitul.* liv. 4, ch. 9; liv. 5, ch. 285.

A la différence du douaire, ce droit consiste en propriété. Il est permis de croire que le cumul du douaire et des acquêts était impossible, du moins dans les commencements. Au milieu des controverses que suscite le droit de la veuve sur les acquêts, ce qui paraît certain, c'est qu'elle n'y avait droit qu'au cas de survie.

Les formules de Marculfe nous donnent de nombreux exemples d'avantages mutuels entre époux (1) : il est probable que, sous l'influence de l'Eglise, le testament, d'abord inconnu, prit racine dans les mœurs des Gallo-Francs.

Mais le droit successoral *ab intestat* existait-il entre les conjoints ? un texte est formel en faveur du droit de succession mutuelle entre époux : la loi des Visigoths dit en effet que le mari et la femme se succèdent mutuellement, à défaut de parenté au septième degré (2). On reconnaît là le principe de la succession prétorienne *unde vir et uxor.* Un autre texte de la loi des Bavarois (3) est conforme au premier; il donne la succession des époux au fisc, quand ils sont tous deux décédés sans laisser de parents au septième degré : ce qui implique que le conjoint survivant exclut le fisc.

Les mœurs germaines n'étaient pas favorables aux secondes noces. Tacite nous dit que les femmes, chez les Germains, se marient vierges et ne se marient qu'une fois, de la même manière qu'elles n'ont qu'un corps et

(1) Marc., liv. 2, form. 7 et 17. Marculfe s'intitulait *ultimus et vilissimus Monachorum.*
(2) Liv. 4, tit. 2, § 11.
(3) Liv. 14, ch. 9, § 4.

qu'une vie : « *sic unum accipiunt maritum, quo modo unum corpus unamque vitam.* » Tacite nous dépeint avec admiration les mœurs honnêtes des peuples du Nord, mais il ne faut pas oublier qu'il est le censeur des mœurs romaines.

Dans la loi salique, il y a un titre (1) sur le second mariage des veuves, qui leur est peu favorable. Un autre texte (2) de la même loi décide qu'en cas de convol de la veuve, les biens qui lui sont venus de son mari, la dot exclue, sont réservés aux enfants du premier lit. Cette disposition rappelle le droit du Bas-Empire. En outre, la veuve remariée payait aux parents de son premier mari une valeur proportionnelle au montant de la dot qu'elle avait reçue, ordinairement un *solidus* sur dix : on l'appelait *achasius*. Elle devait aussi rendre le lit nuptial à la famille du premier mari.

Les lois privent généralement la veuve qui se remarie du morgengabe ou du douaire.

(1) Tit. 56. *de Reipus.*
(2) *Cap. extravag.,* tit. 7.

DROIT FÉODAL ET COUTUMIER

PRÉLIMINAIRES.

Nous divisons notre étude en deux grands chapitres, dans lesquels rentreront la législation coutumière et la législation des pays de droit écrit à l'époque féodale et à l'époque de la monarchie absolue.

L'expression *pays de droit écrit* apparaît pour la première fois dans des lettres patentes de saint Louis, en 1250 (1); mais déjà, dans un capitulaire de 864, le législateur met en opposition le territoire où l'on suit le Droit romain et celui où l'on suit une législation différente (2). Dans le Midi, où la race gallo-romaine prépondérait, on suivait le Droit romain, et dans le Nord, où les barbares s'étaient fixés de préférence, on suivait le Droit germanique.

A la mort de Charlemagne, qui avait réussi à rallier autour de son trône, sous la même domination, tous les peuples barbares, ses successeurs furent impuissants à contenir et gouverner tant de races rivales, dont l'esprit

(1) Laferrière, *op. cit.*, t. 4, p. 357.
(2) *Edictum Pistense*, ch. 16.

d'indépendance fut comme le germe de la féodalité : le grand empire d'Occident se démembra. La féodalité s'établit dans tout le pays, et fut comme une vaste décentralisation de l'autorité publique.

Au IX⁰ siècle, la France n'avait aucune homogénéité nationale. Les peuples n'étaient rattachés entr'eux par aucune loi commune, aucun lien puissant, sauf l'unité des croyances religieuses.

Les sources du Droit féodal sont obscures et ne sont guère que les coutumes suivies à cette époque, et que l'on retrouve dans les écrits des légistes et des praticiens. Jusqu'à saint Louis, c'est dans divers passages de chroniques et dans les anciens cartulaires qu'il faut chercher les usages juridiques.

La loi franque et les vieilles lois barbares tombèrent en désuétude parce qu'elles avaient trop peu de dispositions applicables à la nouvelle condition des personnes et des biens; le Midi seul garda quelques vestiges du Droit romain. Tout est donc à créer, et cependant, comme on l'a remarqué, il n'y a plus de législateur institué. A partir de 929, en effet, il n'y plus de Capitulaires : l'autorité royale est déjà dominée par la féodalité; l'action législative des rois cesse d'exister jusqu'aux ordonnances.

Dès lors, on suivra l'usage ou la coutume : c'est la loi qui répond le mieux aux besoins et aux nécessités des temps. « Les coutumes sont le droit civil de la féodalité (1). »

(1) Laferr., vi, p. 406.

Les coutumes sont fort anciennes et d'origine diverse. On a prétendu qu'elles s'étaient formées lors de l'établissement de la féodalité; mais nous préférons l'opinion de ceux qui les font dériver des lois et usages germaniques. Toutefois, un tempérament nous paraît nécessaire : les coutumes dérivent principalement du Droit germanique, mais elles sont mélangées de droit romain, d'usages féodaux et peut-être de quelques traditions celtiques. Les lois des barbares avaient en effet dû garder le silence sur beaucoup de questions qui, d'abord sans intérêt pour eux, acquirent plus tard de l'importance lorsque, grâce au progrès de la civilisation, des besoins nouveaux se produisirent; et le moyen le plus naturel de combler les lacunes de leur législation fut d'emprunter aux autres législations en vigueur sur le territoire franc.

Le droit coutumier entraînait une grande diversité dans les règles à suivre; dans chaque province, il y avait des coutumes générales et des coutumes locales : ce droit était d'une application d'autant plus difficile que, non fixé par l'écriture, il présentait partout des règles incertaines et indéterminées. Pour constater un point incertain de la coutume, on avait recours à la procédure des enquêtes *par tourbes*, et l'on connaît le vieux brocard : « Bien fol est qui se met en enquêtes; car qui mieux » abreuve, mieux preuve. »

Les principes généraux étaient partout reconnus, mais, dans les formes et les détails, tout était contradiction et incohérence. Beaumanoir nous dit (1) que l'on n'eût pas

(1) Prologue, ch. I, p. 14.

pu trouver dans tout le royaume, « deux châtelleries qui usassent du même droit. »

Dans presque toutes les chartes des XIIe et XIIIe siècles, le *mundium*, pour la fille comme pour la veuve, a totalement disparu. On ne retrouve plus l'ancienne formule (1) par laquelle la femme, au décès de son mari, passait sous la tutelle de ses enfants. Mais la femme mariée est en puissance pendant le mariage, c'est-à-dire sous la tutelle et la *main-bournie* du mari (2). Elle ne peut faire aucun acte de la vie civile sans le consentement de son mari, *sans l'octrei de son baron*, disent les vieux légistes. Remarquons toutefois que les mœurs simples du moyen-âge et l'indissolubilité du mariage chrétien introduisirent dans le ménage une communauté de vie qui n'existait pas auparavant. La femme participe à tout ce que son mari fait d'important ; dans presque toutes les chartes, la femme intervient et donne son assentiment, car elle est l'associée de son époux, et leurs intérêts sont communs. « Les idées religieuses, dit le savant M. d'Espinay (3), » ont exercé une grande influence sur l'état de la femme » dans la société du moyen âge et n'ont pas été étran- » gères aux avantages que la loi civile lui a accordés. » Les assises de Jérusalem (4) nous en fournissent la

(1) Ducange, v. Mundualdus : « Ego Helegrina, consensu et » voluntate de filio meo Aliperto, in cujus mundium ego perma- » neo. » Ce singulier usage des Germains fut aboli par un capitulaire de Louis le Pieux.

(2) Beaum., XXI, 2.

(3) D'Espinay, *la Féodalité et le Droit civil français*, p. 183.

(4) Cour des Bourgeois, ch. 180.

» preuve : *Deivent tous homes saver que, par la sainte*
» *assise de Jérusalem, ait la feme la mité de tous les biens*
» *que son baron gaigne à luy despuis que il la prend. Car*
» *ce est droit et raison par l'assise : quia ex quo vir et mu-*
» *lier fiunt una caro, mérità quidquid vir acquirit, uxore*
» *virente, jure cedit uxori pro medietate.* »

Terminons ces généralités par une remarque importante : à l'époque féodale, les lois, de personnelles
qu'elles étaient, sont devenues territoriales. Désormais,
les lois ne varient plus suivant les personnes, mais
suivant les pays. « Le caractère de la féodalité est la puis-
» sance territoriale ; c'est la possession du sol qui déter-
» mine l'autorité ; c'est le domicile et non l'origine de
» l'habitant, qui emporte la sujétion ; les grands posses-
» seurs de fiefs sont les hauts justiciers, et tous ceux qui
» habitent leur domaine sont leurs justiciables (1). »

Il est impossible de fixer le moment précis où la personnalité des lois fit place à la territorialité : ce fait remarquable s'est accompli définitivement dans le Xe siècle.

CHAPITRE I.

DE LA SUCCESSION *AB INTESTAT.*

Nous ne nous occuperons que des gains de survie que
la loi reconnaît à la veuve, laissant de côté l'étude des

(1) Boiss., *op. cit.,* p. 166.

avantages conventionnels que les époux pouvaient se faire entre eux.

Section I. — Du droit de succession ab intestat proprement dit.

L'authentique *prætereà* ne fut jamais admise en pays coutumiers comme dans les pays de droit écrit. Dans les pays de coutume, le partage de la communauté assurait toujours au conjoint le plus pauvre une portion des biens du plus riche.

D'autre part, dans les coutumiers, on ne trouve pas un seul texte qui se réfère au droit de succession des époux. Est-ce à dire que l'époux survivant ne succède pas à son conjoint, lorsque celui-ci prédécède sans laisser de parents habiles à succéder?

Loysel (1) appelle à la succession d'un bâtard marié et mort sans enfants, le seigneur haut justicier, c'est-à-dire, le fisc. Il est à craindre que, pour l'époque purement féodale, le seigneur n'exclût, en général, le conjoint survivant. C'est l'opinion de M. Boissonnade.

Cependant ce savant auteur cite un texte formel et très-important des Assises de Jérusalem, admettant le droit de succession. « *Nul home n'est si droit heir au mort* » *comme est sa feme* (et légitime) *espouze* (2). » « C'est le » cri du cœur, et c'est aussi l'expression de la justice (3). »

(1) *Instit. cout.*, II, 5, 26, règle 342.
(2) Cour des Bourgeois, ch. 186.
(3) Laurent, tome IX, *des Success.*

Nous ne pouvons toutefois affirmer que cette disposition presque excessive ait été généralement suivie. Il est possible qu'elle n'ait été applicable que dans les pays occupés par les Croisés, et en faveur de leurs femmes, qui souvent partagèrent leurs périls. M. Beugnot (1) a constaté d'ailleurs la même anomalie pour la Syrie et la Morée.

Plus tard, à l'époque monarchique, on reconnut à l'époux survivant le même droit que le préteur lui accordait à Rome, la *bonor. poss. undè vir et uxor*. Mais il fallait, pour que le conjoint survivant primât le fisc, que le mariage fût valable, ou au moins putatif. L'époux apte à ce droit avait en même temps la saisine, et ne pouvait être primé, comme aujourd'hui, par les enfants naturels qui ne succédaient pas.

Lebrun (2) et Pothier (3) enseignent que tel était le droit des coutumes de Paris et d'Orléans. Mais le fisc primait le conjoint survivant en Normandie (art. 446), dans le Maine (art. 286) et l'Anjou (art. 268).

Section II : Du douaire de la Veuve.

Grâce à l'influence du droit canonique, nous avons vu s'opérer la transformation de la dot et du morgengabe germaniques en douaire ; on peut donc assigner au douaire une double origine : germanique et canonique.

Nous savons aussi que le douaire, qui fut d'abord conventionnel ou préfix, devint plus tard légal ou cou-

(1) T. 2, p. 185.
(2) *Des Succes.*, liv. 1, ch. 7.
(3) Introduct. à la Cout. d'Orléans, tit. 17, n° 35.

tumier ; nous ne reviendrons pas ici sur la question de l'origine du douaire coutumier.

Le douaire conventionnel ne pouvait en général excéder le douaire coutumier ; mais il pouvait contenir assignation des biens sur lesquels le droit de la femme s'exercerait, et M. Boissonade remarque judicieusement que c'est peut-être là l'explication la plus naturelle de son nom de *préfix*.

Le douaire préfix était ordinairement constitué avant le mariage, mais il pouvait l'être, même après le mariage ; dans ce cas, comme la femme avait déjà le douaire légal, elle devait opter entre les deux douaires.

Nous traiterons à la fois des deux douaires puisqu'ils coexistèrent ensemble ; aucun des deux ne constituait une libéralité volontaire : voilà pourquoi nous plaçons l'étude du douaire dans le chapitre de la succession *ab intestat*, quoique, à proprement parler, le douaire ne soit pas un droit de succession.

Pour procéder avec méthode, nous diviserons cette matière en cinq paragraphes distincts.

§ 1. — *Nature du douaire.*

Le douaire a toujours été considéré comme un moyen pour le mari ou pour la loi d'assurer à la veuve sa subsistance et un rang honnête, en même temps comme une compensation à l'exclusion ordinaire des filles mariées des successions.

Le douaire légal n'était que de la *nature* du mariage, car la femme pouvait y renoncer expressément par contrat de mariage ; en effet, la prohibition des conventions sur successions futures n'atteignait pas les dispositions faites par contrat de mariage : la femme qui renonçait à son douaire déclarait implicitement que sa fortune personnelle rendait inutile, à son égard, l'avantage que lui accordait la coutume ; elle en faisait remise à son mari. Mais nous n'admettrons pas que la femme pût y renoncer pendant le mariage ; on aurait pu craindre l'influence du mari, et on se serait peut-être heurté à la prohibition des donations entre vifs.

Le douaire, qu'il soit préfix ou légal, n'est jamais une libéralité : Pothier dit bien que la veuve doit son douaire plutôt à la loi qu'à son mari. La constitution du douaire était pour le mari comme une charge et une obligation résultant du mariage. La femme a une véritable créance et, ce qui le prouve, c'est que, dans presque toutes les coutumes, la femme qui n'avait point reçu de douaire conventionnel avait un douaire coutumier ; le mari ne donnait le premier que pour se dispenser de donner le second : le douaire préfix avait seulement l'avantage d'acquitter l'obligation du mari à la convenance des parties.

Le douaire préfix était réputé donation, et, comme tel, réductible pour la légitime des enfants, quand il était excessif et établi en fraude de la légitime, et quand il était consenti à la seconde femme par un veuf ayant des enfants d'un premier lit. C'est ce qu'avait admis l'Édit des secondes noces, pour sauvegarder les droits de ces derniers.

A la dissolution du mariage, la veuve peut-elle encore

6

opter entre le douaire préfix et le douaire légal ? L'art. 261
de la coutume de Paris le lui défendait formellement, à
moins que l'option n'eût été réservée dans le contrat de
mariage. On considérait que l'option était faite par cela
seul que la femme acceptait un autre douaire que le
coutumier. Au contraire, d'autres coutumes reconnaissaient le droit d'option à la femme, si dans le contrat
cette option ne lui avait pas été retirée.

Au cas de conflit de coutumes, l'opinion qui avait pré-
valu était que les dispositions sur le douaire appartenaient au statut réel : on considérait donc, non le domicile,
mais la situation des biens du mari (1).

§ 2. — *Des personnes auxquelles le douaire était dû.*

Les anciens coutumiers mentionnent d'abord le douaire
de la veuve noble; il est certain en effet que la veuve
noble fut d'abord seule à bénéficier du douaire. Cependant
la reine de France ni la veuve des hauts barons ne pouvaient avoir de douaire, parce que la couronne et les
grands fiefs étaient indivisibles (2).

Un peu plus tard, les coutumes reconnurent un douaire
à la veuve roturière. La veuve serve n'eut pas de douaire
dans le principe : les avantages en fussent retombés dans
la communauté qui continuait entre elle et ses enfants,
du moins tant qu'ils étaient mineurs; que si la veuve se
retirait de la communauté, le seigneur pouvait s'opposer

(1) Pothier, *du Douaire*, Bugnet, t. vi.
(2) Assises, liv. de Jean d'Ibelin, ch. 177.

à ce qu'un droit d'usufruit grevât un de ses héritages. Cependant il est probable que ces principes s'adoucirent quand la condition des serfs fut elle-même améliorée.

Le douaire préfix était toujours permis. La plupart des coutumes reconnaissaient le douaire légal tant à la veuve noble qu'à la veuve roturière. Cependant la coutume de Saintonge ne l'accordait qu'à la veuve noble (75) ; au contraire, les coutumes du Maine et de l'Anjou ne l'accordaient pas à la veuve noble, qui avait déjà hérité de ses propres lignagers, non au moment de la mort du mari, mais au moment du mariage.

Les coutumes ne distinguaient pas, pour l'admission du douaire légal, entre les femmes non communes en biens et celles qui étaient mariées sous le régime de la communauté. Mentionnons cependant la coutume du duché de Bourgogne (1) qui privait du douaire la femme commune renonçante, à moins que le contraire n'eût été stipulé dans le contrat de mariage.

Le douaire ne consistait généralement qu'en usufruit, mais il n'en produisait pas moins pour le mari un dépouillement complet de la propriété, car les enfants issus du mariage étaient substitués au douaire de leur mère, et, après sa mort, ils avaient en propriété les biens qu'elle n'avait eus qu'en jouissance. Notons ici en passant la règle que « en douaire, n'y a droit d'aînesse » ; le douaire se partageait également entre tous les enfants. C'est toujours par suite de la même idée : les coutumes considéraient le douaire, non comme un droit de succession,

(1) Chap. iv, art. 19.

mais comme l'acquittement par le mari d'une obligation contractée éventuellement envers sa femme et les enfants à naître.

§ 3. — *Des biens soumis au douaire et de sa quotité.*

1. Quels étaient les biens du mari soumis au douaire?

Sur ce point, les coutumes ne présentaient aucune uniformité. En général, le douaire portait sur les biens qui ne faisaient pas partie des acquêts.

Pendant assez longtemps, le douaire de la veuve noble ne put porter sur le fief ou autres biens donnés à charges de services féodaux (1); car le service militaire aurait été interrompu pendant la jouissance de la veuve.

Plus tard, quand les femmes purent succéder aux fiefs en propriété (2), on admit le douaire à porter sur le fief, d'abord quand il n'y avait pas de biens de roture dans la succession du mari; plus tard même cette condition disparut.

Des divergences notables se présentent dans les coutumes sur la question de savoir à quel moment on se plaçait pour la détermination des biens propres que frappait le douaire. Les unes disent que le douaire porte sur une fraction des biens que le mari possède au jour du mariage, en y ajoutant les successions échues au mari, sa vie durant, en ligne directe ascendante, mais excluant

(1) Établissements, liv. I, ch. 113.
(2) D'Espinay, *op. cit.*, p. 172.

les successions collatérales (1). Les autres fixaient le jour
de la mort comme celui de la détermination des biens,
en excluant aussi les successions collatérales échues
depuis le mariage (2). Tandis que les coutumes de Páris
et d'Orléans se plaçaient au moment du mariage, les coutumes du Berry et du Bourbonnais décidaient que le douaire
de la veuve s'étendait à tous les immeubles délaissés
par le mari à son décès, déduction faite des conquêts
sur lesquels la veuve exerçait son droit de communauté.

Nouvelle divergence des coutumes pour le douaire
légal : plusieurs coutumiers permettent à la veuve de
faire porter son usufruit sur tel ou tel bien à son
choix. Ainsi l'ancienne coutume de Champagne (3) et
Beaumanoir (4) disent que la femme peut choisir le chief-
manoir. Au contraire, l'ancienne coutume de Bretagne
le lui défend (5); et l'ancien coutumier de Normandie ne
permet ce choix que si les biens du mari sont insuf-
fisants (6). Le douaire légal ne portait jamais que sur
les immeubles. Au contraire, le douaire conventionnel
pouvait porter sur toute espèce de biens; il pouvait con-

(1) Établiss., liv. 1, tit. 20. — Grand cout. de Norm., ch. 11 et
101. — Très anc. cout. d'Artois, ch. 33, § 1. — Beaumanoir, xiii,
2. — Grand cout. de France, liv. 2, ch. 32. — Paris (art. 248).
— Orléans (art. 218).

(2) Assises de Jérus. Haute cour, liv. de Jean d'Ibelin, ch. 68. —
Bouteiller, *Somme*, 1, 97. — Jean Desmares, *Décisions*, 175. —
Berry (tit. 8, art. 11). — Bourbonnais (art. 250).

(3) Art. 12.

(4) xiii, 8.

(5) Ch. 31-33.

(6) P. 62.

sister en propriété ou en usufruit, sauf, dans ce dernier cas, qu'il devait être exprès et formel, sans quoi il était présumé viager comme le douaire légal.

En principe, le douaire ne pouvait avoir lieu au préjudice d'une autre douaire : ce qui aurait pu arriver lorsque les biens du mari lui étaient venus de son père et qu'ils se trouvaient grevés de l'usufruit de sa mère douairière; ou lorsque le mari veuf avait des enfants substitués au douaire de leur mère.

II. Les coutumes ne présentaient pas une aussi grande diversité pour la fixation de la quotité du douaire. En général, la quotité du douaire de la veuve noble était moindre que celle de la veuve roturière. Les Établissements (1) ne donnent qu'un tiers à la veuve noble, et accordent la moitié à la roturière. Cette différence ne doit pas nous étonner, car, dans les partages de successions nobles, l'aîné prenait les 2/3, comme chargé des services du fief. Dans les partages roturiers, la division se faisait également.

Cependant les assises de Jérusalem (2) et les anciens Usages d'Artois (3) portait à la moitié le douaire de la veuve noble.

Remarquons d'ailleurs que le chiffre de moitié l'emporta définitivement pour toutes les veuves, dans la jurisprudence du Châtelet de Paris (4) et dans les coutumes

(1) Liv. 1, ch. 13 et 133.
(2) Haute cour; Jean d'Ibelin, ch. 177.
(3) Tit. 33.
(4) Grand cout., liv. 2, ch. 32.

de Paris et d'Orléans (1). Les coutumes de l'ouest, en général, n'accordaient que le tiers.

Quand la coutume ne permettait pas à la veuve le choix des biens, il y avait lieu à partage et Loysel nous dit que « la douairière lotit et que l'héritier choisit (2). » La veuve formait les lots et l'héritier choisissait.

Quant au douaire préfix, la plupart des coutumes laissaient la fixation de sa quotité à la liberté des conventions matrimoniales : les coutumes de l'Ouest cependant ne permettaient pas qu'il excédât le taux légal ; alors l'héritier avait le choix ou d'exécuter la convention, ou de laisser à la veuve le douaire légal.

Remarquons en terminant que la quotité du douaire était gravement modifiée à l'égard de la seconde femme du mari, lorsqu'il y avait des enfants du premier mariage.

§. 4. — Des effets du douaire.

Le douaire ne conférait à la veuve qu'un simple droit de jouissance ; elle avait donc les droits et les obligations d'une usufruitière (3). Le douaire légal donnait la saisine à la veuve, au décès de son mari (4). Quand la condition de survie de la femme est accomplie, il y a une véritable rétroactivité en faveur de la veuve, pour faire tomber

(1) Paris, art. 248. — Orléans, art. 218.
(2) Liv. 1, règle 157.
(3) Beaumanoir, xiii, 7, 11, 16, 23.
(4) Desmares, *Décisions*, 216.

les aliénations consenties par le mari au préjudice de son douaire.

Il est vrai que les tiers acquéreurs avaient un moyen facile de se préserver de la poursuite ultérieure de la femme; ils n'avaient qu'à exiger qu'elle intervînt au contrat, et qu'elle renonçât avec serment à l'exercice de son douaire sur le bien aliéné. D'ailleurs, la renonciation n'était valable que si la femme obtenait assignation de son douaire sur un autre immeuble équivalent à celui qui était aliéné (1).

Comme nous l'avons déjà dit, le douaire de la femme fut de bonne heure étendu, par une sorte de substitution vulgaire, aux enfants nés du mariage, et il constitua pour eux une véritable légitime. Ce droit des enfants est reconnu par les Livres *de Justice et de Plet* (2), par le grand Coutumier de Charles VI (3), par Beaumanoir (4) et par Loysel (5). Il est probable que la renonciation de la femme à son douaire produisait son plein effet à l'égard des enfants qui ne tenaient leur droit qu'à la faveur de celui de leur mère, et qui d'ailleurs trouvaient une garantie suffisante dans l'assignation nouvelle d'un héritage équivalent.

Au contraire, si la veuve optait pour le douaire préfix, elle n'était pas saisie de plein droit au décès de son mari; elle devait demander l'envoi en possession (6). Mais cette

(1) Établiss., 1, ch. 166.
(2) Liv. 10, tit. 21, § 15. — Liv. 12. tit. 5, § 3.
(3) Liv. 2, ch. 32.
(4) XIII, 18.
(5) 1, 3, 23, règle 158.
(6) Loysel, 1, 11, règle 146. — Ginoulhiac, p. 334.

différence notable entre les deux douaires tendit à disparaître peu à peu ; et en effet, un peu plus tard, presque
toutes les coutumes admettent que la veuve est toujours
saisie de plein droit. La conséquence est qu'elle gagne les
fruits et arrérages du jour du décès ; que, dès ce moment,
elle peut poursuivre les tiers détenteurs, et exercer toutes
actions relatives à son douaire.

Cependant la coutume de Normandie n'accordait jamais
la saisine ; l'art. 190 de la coutume de Blois « au re-
« bours de toutes les autres, » dit Pothier, ne l'accordait
qu'au douaire préfix.

D'après l'art. 248 de la coutume de Paris, le douaire
était acquis à la veuve dès le jour de la *célébration*. Les
mots : « Dès la consommation du mariage » de l'art. 218
de la coutume d'Orléans doivent s'entendre aussi, comme
Pothier le prouve, dans ce sens de célébration. Mais l'art.
352 de la coutume de Normandie et l'art. 450 de la coutume de Bretagne avaient conservé l'ancienne condition
du *Concubitus* : c'est l'ancienne règle : au coucher, la
femme gagne son douaire. Ainsi, supposons le mari mort
après la célébration, mais avant la consommation du mariage, tandis que les coutumes de Paris et d'Orléans auraient accordé un douaire à la veuve, celles de Bretagne
et de Normandie le lui auraient refusé.

Quoique l'on reconnaisse à la veuve son droit au douaire
dès la célébration, ce n'est pas qu'il lui soit acquis irrévocablement à ce moment ; il y a toujours la condition de
survie, à laquelle est subordonnée la non validité des
aliénations faites par le mari. C'est au décès de ce dernier
que s'ouvre le droit de la veuve, avec rétroactivité au

jour de la célébration. Le douaire est un privilège des veuves, ayant pour but de leur procurer une situation décente après le mariage, mais leur droit est garanti par une hypothèque qui remonte au jour du mariage. Ce qui prouve bien que le douaire coutumier n'est pas un droit de succession *ab intestat* : le droit de la femme en effet ne porte pas, comme le véritable droit successoral, sur les biens tels qu'ils existent au moment du décès; son droit est une créance conditionnelle, qui lui est reconnue au jour du mariage, qui porte sur certains biens du mari seulement, et qui est garantie par une hypo-thèque.

Notons en terminant que la veuve ne donnait en prin-cipe qu'une caution juratoire pour la garantie de ses obligations et des restitutions dues à la fin du douaire; mais, si elle se remariait, elle devait donner caution par fidéjusseur (1).

§ 5. *De l'extinction et de la perte du douaire.*

L'usufruit de la douairière s'éteignait par toutes les causes qui mettaient fin à l'usufruit. Mais en outre il y avait privation du douaire: 1° pour la femme condamnée pour adultère; 2° pour celle qui vivait dans l'inconduite pendant l'année de deuil; 3° pour celle qui, sans cause légitime et sans la permission de son mari, vivait éloignée de lui au moment de son décès; dans les Coutumes de Normandie, Anjou et Bretagne;

(1) Art. 261, Cout. de Paris.

4° Dans la Bretagne, pour la veuve qui s'était remariée avec son domestique,

5° Pour la veuve remariée, lorsque la perte du douaire avait été stipulée contre elle, pour cette cause, dans le contrat de mariage.

L'étude du douaire nous a permis d'apprécier l'étendue des avantages que ce gain de survie conférait à la veuve. La législation coutumière ne donnait que l'usufruit à la veuve d'une partie des biens du mari, mais au moins elle avait su la mettre à l'abri du besoin. Le douaire était d'ailleurs le correctif nécessaire de la rigueur des lois de succession. Ce correctif a été effacé par le législateur de 1804, et cependant le droit de succession du conjoint survivant n'a pas été amélioré (1).

Section III. — Du Préciput légal.

Ce gain de survie était reconnu au conjoint survivant noble par la coutume de Paris et quelques coutumes du centre. L'art, 233 de la coutume de Paris, quoique incomplet, nous a paru assez explicite: voilà pourquoi nous en donnons le texte:

« Quand l'un des deux conjoints nobles, demeurant,
« tant en la ville de Paris que dehors, et vivant noble-
« ment, va de vie à trépas, il est en la faculté du survi-
« vant de prendre et accepter les meubles étant hors la
« ville et faubourgs de Paris, sans fraude; auquel cas il
« est tenu de payer les dettes mobilières et les obsèques

(1) Voir Boissonade, nos 194-211 et 245-267.

« et funérailles d'icelui trepassé, pourvu qu'il n'y ait
» enfants; et s'il y a enfants, partissent pour moi-
» tié. »

I. A qui le préciput appartenait-il ?

L'art. 238 est placé sous la rubrique de la communauté; aussi le préciput n'appartenait-il qu'aux époux
nobles communs en bien, quoique l'article ne le dise pas;
d'ailleurs le mot *préciput* implique un prélèvement avant
partage.

Il fallait que la veuve acceptât la communauté, car la
renonciation lui enlevant la qualité de commune, il n'y
avait plus lieu à l'application du préciput.

Quand le mari était noble, la femme, quoique roturière,
le devenait, car l'homme noble anoblissait la femme;
mais la réciproque n'était pas vraie.

Les professions qui faisaient déroger les nobles étaient
incompatibles avec l'aptitude à recueillir le préciput.

En outre, la coutume de Paris était formelle pour exiger
que les époux n'eussent pas d'enfant de leur mariage. Et
l'on discutait la question de savoir si l'enfant, quand il y
en avait un, renonçant à la succession du prémourant,
excluait le survivant du préciput. Nous penchons de préférence pour la négative, estimant que la loi ne préférait
les enfants à l'époux qu'autant qu'ils acceptaient la succession de leur auteur.

II. Le préciput ne portait que sur les meubles qui, au
décès, se trouvaient hors de Paris et de ses faubourgs. La
coutume présumait que les meubles que l'on gardait à
Paris étaient d'un trop grand prix pour en priver la succession de l'époux prédécédé. On devait interpréter la

coutume d'après les habitudes des époux, car il arrive
souvent que l'on transporte les meubles de la ville à la
campagne, dans l'intention seulement de s'en servir pendant un court séjour. La coutume prévoit le cas où l'on
aurait transporté frauduleusement des meubles hors la
ville à l'approche du décès.

Les meubles incorporels étaient-ils compris dans le
préciput ? M. Boissonade incline pour la négative (1), les
meubles incorporels, moins encore que les corporels,
n'ont pas de situation ; et le déplacement du titre ne pouvant opérer déplacement du droit, il n'y avait pas à
appliquer un bénéfice uniquement fondé sur la situation
matérielle des choses.

Pothier admettait une solution plus favorable (2). Il
explique que les créances faisaient partie du préciput
dans la première rédaction de la coutume, mais que le
mot fut supprimé en 1580, de peur que le gain ne
fût trop considérable. Malgré cela, dans le silence de
l'art. 238, Pothier admet les créances dans le préciput, à
cause de la corrélation intime qui existe entre le gain
des créances et le payement des dettes mobilières dont
est chargé le préciputaire.

Pothier remarque encore (3) que le legs de meubles
fait par le mari n'eût pas été respecté, parce que le préciput portait sur les meubles communs, tels qu'ils se
trouvaient au décès.

(1) P. 223.
(2) *Traité de la Communauté*, n° 429.
(3) *De la Communauté*, n° 20.

III. L'époux préciputaire devait payer les dettes mobilières et les frais funéraires du prédécédé. Lebrun et Duplessis pensaient que le préciputaire était tenu non seulement des dettes de la communauté, mais encore des dettes de l'époux lui-même. Nous préférons l'opinion de Lemaltre et de Pothier (1), qui ne mettait à la charge du préciputaire que les dettes de communauté, c'est-à-dire les dettes corrélatives aux biens acquis. Comme les charges pouvaient être supérieures à l'émolument, le préciputaire pouvait toujours renoncer à son droit et partager suivant le droit commun avec les héritiers du défunt.

Section IV. — De l'entravestissement de sang.

« S'entravestir ou se ravestir, dit Merlin (2), c'est se
« revêtir l'un l'autre de ses biens. »

L'entravestissement était un gain de survie qui ne s'appliquait que dans les coutumes de la Flandre française. Dans les coutumes de Lille, Douai, Valenciennes, Cambrai, Arras, il y avait deux sortes d'entravestissement : l'un, dit *par lettres*, était conventionnel, et pouvait avoir lieu même en l'absence d'enfants ; l'autre, dit *de sang*, était légal ou coutumier : c'est le seul qui doive nous intéresser.

L'entravestissement de sang était comme une récompense donnée aux époux qui avaient des enfants de leur mariage, et, par conséquent, un encouragement à la fécondité du mariage.

(1) *De la Communauté*, n° 435.
(2) Répertoire, v. Entravestissement, sect. 2, § 2, art. 1, n° 1.

Les dispositions des coutumes n'étaient pas uniformes ; cependant on peut ainsi formuler la règle commune : Le survivant des époux mariés en communauté avait la pleine propriété de toute la part de communauté du prémourant, meubles et héritages.

On comprend d'autant mieux l'importance de ce droit si l'on songe que, dans ces coutumes, la communauté comprenait même les immeubles, qui appartenaient aux époux lors du mariage.

De plus, le droit du survivant excluait même la légitime des enfants. Mais si le survivant se remariait, il était réduit à la propriété des meubles et n'avait plus que l'usufruit des immeubles. A sa mort, les enfants du premier mariage exerçaient leur légitime sur les biens confondus dans sa succession et qui provenaient du premier conjoint. L'article 4 de la coutume de Douai est formel en ce sens.

Remarquons enfin que l'entravestissement de sang n'avait lieu qu'en faveur du premier mariage, qui avait donné des enfants. Ainsi, supposons une veuve, ayant des enfants, qui se remarie et a des enfants de cette seconde union : elle n'aurait pas le ravestissement sur les biens laissés par son second mari, lors même qu'elle ne convolerait pas à de troisièmes noces.

Section V. — Droit d'habitation.

Les Etablissements de saint Louis (1) reconnaissaient à

(1) Liv. 1, ch. 16.

la veuve noble un droit d'habitation dans une des maisons du mari.

Dans les coutumes existait une grande variété de dispositions : les unes l'accordaient à toute veuve, les autres, à la veuve noble seulement. Mais les coutumes de Paris et d'Orléans étaient muettes sur le droit d'habitation (a). En général, les coutumes ne distinguaient pas, pour l'admission de ce droit, si les époux étaient ou non communs en biens. La femme pouvait renoncer au gain légal d'habitation par son contrat de mariage.

Remarquons que l'habitation coutumière constituait un droit réel et viager pour la veuve, à la différence du droit d'habitation que les articles 1465 et 1570 du code civil accordent à la veuve pendant un temps très court; aujourd'hui ce droit se résout pour la veuve en une simple créance contre la succession. En sens inverse, observons que le droit d'habitation coutumière, étant un droit réel, prenait fin avec les événements qui éteignent tout démembrement de la propriété, tandis que la créance qu'a la veuve sous le code civil n'en existerait pas moins si l'immeuble qui y aurait été affecté venait à périr.

Section VI. — Deuil de la veuve. Linges et hardes.

« Femme veuve porte le deuil aux dépens de son » mari (1). » Le deuil était dû à la veuve suivant la for-

(a) Cependant la coutume de Paris accordait à la veuve l'habitation pendant les délais pour faire inventaire et délibérer. Mais il n'y avait là qu'une créance contre la succession du mari.
(1) Loysel, *Instit.*, n° 135.

tune et la condition du défunt, et sans doute aussi suivant la condition personnelle de la veuve. Il était juste
que la loi accordât à la veuve une créance pour ses habits
de deuil, puisqu'elle exigeait que la veuve respectât la
mémoire de son mari, au moins pendant une année,
sous peine d'être privée des avantages qu'elle tenait du
défunt. Dans le deuil de la veuve, on comprenait la
livrée des domestiques.

On n'avait pas admis la créance du deuil pour la veuve
roturière, sans doute parce que, ordinairement, les successions roturières sont de très petite importance. Encore
ce point est-il douteux !

On reconnaissait, en outre, à la veuve, le droit de
reprendre dans les meubles de la communauté quelques
objets à son usage personnel : des abus se produisirent
dans l'exercice de ce droit. Pothier nous dit (1) que de
son temps on cherchait à concilier les convenances avec
l'équité due aux héritiers du mari : la veuve renonçante
avait droit à un habillement complet. D'ailleurs, les coutumes variaient beaucoup sur ce point. Remarquons seulement que les coutumes de Lille et de Tours étaient les
plus libérales envers la veuve.

(1) *Traité de la Communauté*, n° 569.

7

CHAPITRE II.

SUCCESSION TESTAMENTAIRE.

Le droit commun des coutumes prononçait la nullité des libéralités testamentaires entre époux : on considérait sans doute que les autres avantages légaux ou conventionnels que les époux pouvaient recevoir « répondaient à tous les besoins d'une sage prévoyance et aux légitimes soucis d'une affection mesurée (1). »

Un certain nombre de coutumes cependant autorisaient le testament, mais avec des divergences nombreuses. Ainsi les unes ne distinguent pas s'il y a ou non des enfants ; les autres permettent de léguer à son conjoint tout ce qu'on pourrait léguer à un étranger ; certaines distinguaient selon que le legs pouvait consister en propriété ou en usufruit, et selon qu'il pouvait porter sur tels ou tels biens (2).

Les coutumes muettes étaient réputées autoriser les legs ; pour quels motifs aurait-on pu refuser aux époux la faculté de disposer par testament ? D'ailleurs, remarquons que, le legs étant inexistant jusqu'au décès du testateur, on n'avait pas à craindre la captation ou l'entraînement.

Nous plaçons ici la judicieuse observation d'un ancien

(1) Boisson., p. 267.
(2) Pothier, *Donat. entre mari et femm.*, t. 7, n°° 7, 14.

jurisconsulte, qui nous servira de transition pour passer
à l'étude de la législation des pays de droit écrit : « En
» cecy je recognoistray franchement que nous cédons au
» Droit romain, de tant qu'en ses contrats de mariage il
» était sobre distributeur de son bien et réservait cette
» libéralité à un testament, lorsque le mari, par une
» longue et mutuelle conversation, s'était rendu assuré
» des bons ou mauvais offices de sa femme ; et elle, en
» cas semblable, des favorables traictements de son mary.
» Nous, au rebours, sommes prodigues par nos contrats
» de mariage, en faveur de ceux ou celles qu'à peine
» nous cognoissons, et lorsque nous savons desquels ils
» ont esté en nostre endroit, et que voulons rendre
» l'âme à nature, l'on nous ferme les mains, n'estant
» en nostre liberté d'avantager, par nos testaments, nos
» femmes, ni aux femmes de faire rien pour leurs
» maris (1). »

DROIT ÉCRIT

PRÉLIMINAIRES

Comme le disait le législateur de 1804 : « Les lois
» doivent être adaptées au caractère, aux habitudes, à
» la situation du peuple pour lequel elles sont faites (2). »

(1) Pasquier, *Lettres*, liv. ix, ch. 1. — Ginoulhiac, *op. cit.*,
p. xiii, note.
(2) *Disc. prélim.* du Code civil.

C'est pour cette raison, vraie de tout temps, que l'étude
de l'ancien Droit français se divise en deux parties bien
distinctes : Droit coutumier, Droit écrit. Nous avons étudié la tradition germanique à travers les transformations
successives quelles a subies en passant tour à tour dans
les capitulaires, dans la loi féodale et dans nos anciens
coutumiers. Nous allons maintenant suivre la tradition
romaine dans le Midi, et nous verrons quels étaient les
droits successoraux reconnus à la veuve dans la législation des pays de droit écrit.

Quand les rois eurent assez fait pour l'unité politique,
ils songèrent à fonder l'unité de législation. Par son ordonnance de 1453, Charles VII prépara une rédaction complète des coutumes générales et locales. Cette première
rédaction, qui mit près d'un siècle à s'accomplir, fut
trouvée défectueuse, et, dès l'année 1555, commença la
réformation des coutumes. La coutume de Paris devint
le droit commun de la France coutumière, dans les cas
que ne prévoyaient pas les autres coutumes. « Les beaux
» travaux dont la coutume de Paris avait été l'objet de
» la part de Dumoulin, de Pothier et d'autres grands
» légistes l'avaient elle-même pénétrée du double élé-
» ment romain et germanique, qui seuls pouvaient la
» rendre acceptable en tous pays coutumiers (1). »

Une double remarque s'impose ici : on aurait tort de
croire que la division de la France en deux territoires distincts entraînât une séparation radicale de législation.
En effet, le Droit romain conserva de l'influence dans le

---

(1) Boisson. *op. cit.*, p. 203.

Nord ; on recourait à lui, comme raison écrite, quand les
coutumes se référaient elles-mêmes par avance et d'une
manière générale au Droit romain et quand la coutume
de Paris était muette. Pierre de Fontaines (1) faisait l'é-
loge du Droit romain : « fermement doit garler la justice
ce que la loi écrite enseigne. » Le grand coutumier de
Charles VI est encore plus exprès : « Es pays coutumiers,
» les coutumes qui sont contraires au droit escript, gas-
» tent et détruisent le droit, et sont appelés hayneux droit ;
» et quand la coutume s'accorde au droit escript, l'on le
» dit droit commun. (2) »

D'autre part, nous devons observer que le droit romain
ne régnait pas exclusivement dans les pays de droit écrit :
les coutumes féodales le modifièrent, des usages locaux se
formèrent dans le Midi, à côté du droit romain qui se per-
pétua comme coutume générale. Nous étudierons en effet
tout à l'heure des gains de survie que la législation de
Rome n'avait pas connus.

Ainsi le droit romain et le droit germanique, au lieu de
s'exclure mutuellement, avaient contracté une utile al-
liance : « désordre mystérieux et fécond, dont l'issue
« devait en somme se trouver favorable aux destinées ulté-
» rieures de notre législation et en préparait déjà l'heu-
» reuse unité. (3) »

Signalons ici la renaissance du droit romain au XIIe siècle dans toute l'Europe. Cette époque est riche de monuments législatifs ; on avait déjà le Code Théodosien et

(1) *Conseil à un amy*, p. 58, édit. Marnier.
(2) Liv. 2, ch. 1.
(3) Boiss., p. 277.

l'Epitome de Julien : on eut depuis les compilations de Justinien. Le droit romain est dès lors l'objet d'un enseignement public dans toutes les écoles et dans les universités. Les praticiens et les jurisconsultes de l'époque étudièrent le droit coutumier et le droit romain, prenant à ce dernier ses meilleurs éléments pour les faire pénétrer dans la jurisprudence. Il suffit de rappeler les grands noms de Cujas, Domat, Pothier, pour prouver l'influence du droit romain.

Nous ne devons pas passer sous silence deux autres sources principales de notre législation : le droit canonique qui imprima des traces profondes dans le droit français, et les ordonnances royales qui, depuis Philippe le Bel, prennent un caractère général et sont applicables à tout le royaume. Le droit canonique et les ordonnances furent d'utiles auxiliaires dans la longue fusion des lois romaines et des coutumes germaniques, dont le Code de 1804 a été le résultat. Mais, comme l'a très-bien exprimé M. Ginoulhac, dans son savant ouvrage sur l'histoire du régime dotal : « nos lois actuelles ont pu associer dans « un même Code l'élément germain et l'élément romain, « mais non les confondre et les identifier. On les retrouve « dans notre législation, persistant toujours, chacun « dans leur territoire, malgré les révolutions qui se sont « succédé en France. »

CHAPITRE Ier

DE LA SUCCESSION *AB INTESTAT.*

Nous étudierons dans cinq sections différentes les avantages successoraux que la loi reconnaissait à la veuve dans les pays de droit écrit.

Section I. — Du droit de succession ab intestat proprement dit.

Le droit écrit, comme le droit coutumier, accordait au conjoint suivant la *bonorum possessio undè vir et uxor.* Ainsi, à défaut de tout parent légitime, les époux se succédaient, par préférence au fisc. Toutefois, la veuve de l'aubain ne pouvait lui succéder, le roi excluant lui-même les autres parents de l'étranger, en vertu du droit d'aubaine.

A ce droit de succession prétorienne, venait se joindre une disposition spéciale au droit écrit, l'*augment de dot,* qui remplace dans le Midi le douaire coutumier. Mais, d'abord, nous devons parler de la quarte du conjoint pauvre.

Section II. — Quarte du conjoint pauvre.

Pendant longtemps l'authentique *Prætereà* fut appliquée, comme droit commun, dans les pays de droit écrit :

le conjoint survivant pauvre avait le quart des biens du conjoint prédécédé, en propriété, s'il n'y avait pas d'enfants, en usufruit seulement dans le cas contraire. Observons en passant que la Nov. 117, chapitre 5, réservant le bénéfice de la quarte à la veuve seule, n'était pas appliquée (1) : on s'en tenait à la Nov. 53, chapitre 6 de Justinien.

Dans la suite, si l'on s'en réfère aux anciens auteurs, les parlements n'appliquèrent l'authentique qu'avec une certaine difficulté (2). Il est besoin de signaler ici la célèbre décision du Parlement d'Aix, dans la curieuse affaire Laugier-Raillon. De cet arrêt du parlement de Provence, Boucher d'Argis (3) et Denisart après lui, concluent au maintien de la quarte du conjoint pauvre : au contraire Merlin en déduit une solution opposée. Tous les deux semblent avoir raison. Boucher d'Argis, en effet, appuie son opinion sur la décision définitive du 21 février 1732, qui admet la quarte du conjoint pauvre en faveur de la femme Raillon ; tandis que Merlin s'en rapporte à l'arrêt du 17 juin 1737, rendu sur requête civile et qui rescinde celui de 1732.

Malgré cela, et malgré l'opinion contraire de M. Boissonade (4), nous croyons qu'il faut soutenir que, du moins à cette époque, le parlement d'Aix appliquait la Nov. 53. Ce qui le prouve, c'est d'abord la décision de

(1) Accurse, sur l'*Authent.* — Despeisses, t. 1, p. 305. — Boucher d'Argis, ch. 13. — Merlin, voir *Quarte du conj. pauvre.*
(2) Roussilhe, *de la Dot*, p. 447.
(3) *Op. cit.* p. 118.
(4) P. 290.

1733, qui admet formellement la demande de la femme
Raillon ; de plus, il faut bien remarquer que si la femme
Raillon n'obtient plus gain de cause, en 1737, ce n'est pas
parce que la Nov. 53 n'a plus d'application en Provence,
mais bien parce que le Parlement jugea, sur les conclu-
sions de l'avocat général, que la femme Raillon ne rem-
plissait pas les conditions nécessaires pour recueillir la
quarte. Pour s'en convaincre, il n'y a qu'à lire le remarquable plaidoyer de M. de Gueidan (1) : on y trouve
aussi cette belle explication de la Nov. 53 :

« Conviendrait-il que celle qui a porté avec dignité le
» nom et la qualité d'épouse durant la vie de son mari,
» qui a partagé son état et participé à tous ses avantages,
» tombât tout à coup dans une honteuse pauvreté, parce
» qu'elle n'aurait apporté dans la communauté des biens
» que des vertus et du mérite ?..... Un homme qui
» épouse une femme dont il connaît l'indigence, n'ayant
» égard qu'à ses qualités personnelles, ne contracte-t-il
» pas l'obligation de pourvoir pour toujours à sa subsis-
» tance ? Que ceux qu'un nœud si saint, autorisé par
» toutes les lois, a unis, et d'une union si parfaite qu'ils
» n'ont plus qu'un même nom et ne sont plus qu'une
» même chair, n'aient aussi qu'un même état et qu'une
» même fortune. Si, pendant la vie, le mari rompt cette
» harmonie, en refusant à la femme son entretien, tous
» les tribunaux s'élèvent pour l'y contraindre. La mort
» du mari sera donc la raison qui réduira cette femme
» au comble de la misère ! »

(1) Merlin, voir *Quarte du conj. pauvre.*

Quoi qu'il en soit, il paraît probable que, dans le dernier état du droit, les parlements du Midi n'accordèrent guère au conjoint survivant qu'un droit d'usufruit ou une pension alimentaire.

Remarquons, en terminant, que la quarte ne pouvait jamais se cumuler avec l'augment, dont nous allons nous occuper; elle venait même à son défaut, puisque l'augment n'appartenait qu'à la femme dotée, et que la quarte était, au contraire, réservée au conjoint pauvre et non doté.

Section III. — De l'augment de dot.

Les anciens auteurs définissent généralement l'augment de dot un gain nuptial et de survie que la femme survivante prend en récompense et à proportion de sa dot sur les biens de son mari prédécédé.

Cujas appelle l'augment, *incrément*, et le définit : *quod mortuo marito uxori superstiti redditur suprà dotem* (1). C'est un supplément de dot.

La question d'origine de l'augment a fourni à Boucher d'Argis et à Merlin le sujet de longues disertations : tous les deux font dériver l'augment de l'*hypobolon* des Grecs du Bas-Empire, au moyen-âge (2). D'après Roussilhe (3), l'opinion commune professe que ce n'est que

---

(1) Cujas, liv. 3, *de Feudis et Observat.*, liv. 5. ch. 4.

(2) Boucher, *op. cit.*, ch. 2. — Merlin, voit *Augment.*, nº 2.— Ces deux auteurs indiquent aussi les ressemblances et les différences de l'augment et du douaire.

(3) Ch. 20, p. 421.

l'usage qui lui a acquis force de loi. Nous croyons, avec M. Boissonade (1), « que l'influence de la donation à » cause de noces des Romains, conservée dans tout le » Midi, peut bien suffire à expliquer cet avantage de la » femme. » Ce qui nous fait croire que l'augment n'est qu'une altération de la donation à cause de noces, c'est que l'ancienne coutume de Tou'ouse emploie indifféremment le mot *donatio propter nuptias* et le mot *dotalitium* pour désigner l'augment de dot : « *E converso uxor viro suo præmortuo lucratur donationem propter nuptias seu dotalitium.* »

La veuve a donc, outre le droit de reprendre sa dot, l'augment de dot. Les coutumes variaient beaucoup sur la quotité de ce droit : l'augment se calculait proportionnellement à la dot apportée par la femme, car la constitution de dot sert de base à l'augment.

L'art. 1 de la coutume de Toulouse portait l'augment à la moitié de la dot, en propriété s'il n'y avait pas d'enfants, et en usufruit seulement, dans le cas contraire. Les coutumes de Foix, Comminges, Muret, Montauban fixaient la même quotité, ainsi que les coutumes du Lyonnais, du Forez et du Beaujolais.

L'art. 47 de la coutume de Bordeaux accordait à la veuve un augment « du double de son dot. » Mais il n'était que du tiers de la dot, si elle se remariait (2).

En général, s'il n'y a pas d'enfants issus du mariage, la veuve a la propriété totale de l'augment ; mais, s'il y

(1) P. 281.
(2) Boucher d'Argis, pp. 26 et 31.

a des enfants, elle n'a en propriété qu'une part virile, dont elle a la disposition, sa vie durant, mais qui, à sa mort, retourne aux enfants du mariage, à l'exclusion de tous autres.

Comme le douaire, l'augment était légal ou conventionnel. Dans ce dernier cas, la quotité dépendait de la volonté des parties; l'augment devait être formellement établi par le contrat de mariage.

Comme le douaire également, l'augment s'exerçait sur les biens propres du mari, existant au jour du mariage ou acquis depuis en ligne directe par succession. Les biens sur lesquels il portait étaient inaliénables et imprescriptibles : les aliénations consenties par le mari étaient révoquées de plein droit à sa mort; mais les tiers pouvaient prescrire, à partir du décès, pendant trente ans.

Comme pour le douaire, les enfants étaient substitués à la mère à l'effet de recueillir l'augment; mais avec cette différence qu'ici le droit des enfants dépendait de celui de la mère; de sorte que, si la mère venait à prédécéder, l'intermédiaire disparaissant, l'augment ne pouvait parvenir aux enfants.

Le mari survivant avait un droit correspondant, appelé *contre-augment.*

Section IV. Des bagues, joyaux et coffre.

C'est une sorte de nouvel augment qui était légal ou conventionnel; il variait selon les coutumes et aussi suivant la condition des personnes. Les parties avaient assez de latitude pour fixer elles-mêmes la quotité de ce droit.

Cette reprise était accordée à la veuve en compensation des parures que le mari est dans l'usage de donner à la femme, tant avant qu'après le mariage. Mais il paraît évident que si le mari avait déjà donné ces parures à la femme, celle-ci devait imputer leur valeur sur la somme fixée comme l'équivalent de ce droit.

Section V. Droits de deuil et de viduité.

Dans les pays de droit écrit, comme en pays de coutume, « *mulier non debet sumptibus suis virum lugere.* » C'est le même principe, les règles étaient aussi les mêmes.

On admettait généralement que le deuil de la veuve était privilégié, comme les autres frais funéraires, mais on ne s'accordait pas également sur le rang à assigner à ce privilège.

On a pu dire que ce droit de deuil n'était pas un véritable gain de survie pour la veuve, parce qu'elle emploie la somme qui lui est allouée à ses vêtements de deuil; mais au moins peut-on dire qu'elle a gagné *quatenus pecuniæ suæ pepercit.*

Outre ce droit de deuil, la veuve avait aussi la nourriture, pendant l'année qui était donnée aux héritiers pour le paiement de sa dot; mais alors, elle abandonnait les intérêts de la dot.

Ces droits était reconnus à la veuve par l'ancienne coutume de Toulouse : « *noverint, etc., quod consuetudo est* » *Tolosæ sivè usus quod mulieres maritis earundem mortuis* » *debent habere sua necessaria victûs et vestitûs de bonis*

» *maritorum suorum, sinè dotis et dotalicii deminutione*
» *ipsarum mulierum.* »

Il importe de remarquer que la veuve perdait ses gains
de survie, tant dans les pays de droit écrit que dans les
pays de droit coutumier, par l'adultère, par son inconduite après le veuvage ou par son convol dans l'an de
deuil. Tout à l'heure, nous verrons dans quelle mesure
l'Edit des secondes noces restreignait les libéralités que
le survivant avait reçues de son premier conjoint, et
celles qu'il eût pu faire à son nouveau conjoint.

CHAPITRE II

DE LA SUCCESSION TESTAMENTAIRE.

Le droit écrit déclarait les libéralités testamentaires
pleinement valables, comme elles l'étaient à Rome, avant
que les lois décimaires n'eussent été rendues, et après
qu'elles eurent été abrogées.

CHAPITRE III

COMMUN AU DROIT COUTUMIER ET AU DROIT ÉCRIT.

DU CONVOL DE LA VEUVE.

Il est nécessaire de faire un retour vers le passé pour
suivre la tradition législative des effets du convol depuis

l'époque féodale où nous l'avons laissée, jusqu'à l'édit des secondes noces.

Louis le Pieux abolit en 819 le *reipus* ou prix d'achat de la veuve, qui était plus élevé que le *pretium nuptiale* ordinaire. En sens inverse, la femme, qui épousait un veuf, se trouvait dans une condition défavorable pour son douaire : cela arrivait par la force des choses. En principe, le douaire était de la moitié des biens propres du mari ; mais nous savons que les enfants étaient substitués à leur mère, pour l'acquisition du douaire, et que, dès lors, le père ne pouvait plus disposer à leur préjudice des biens formant le douaire de leur mère. Il en résultait que la seconde femme du père ne pouvait recevoir pour son douaire que la moitié de ce qui restait disponible, c'est-à-dire un quart ; une troisième femme n'aurait pu recevoir que la moitié de ce quart, c'est-à-dire un huitième. « Douaire sur douaire n'a lieu, » dit Loysel (1).

Le second mariage de la femme ne lui faisait pas perdre son douaire (2). Toutefois, cette règle générale avait des exceptions : ainsi, l'article 25 de l'usance de Rohan, en Bretagne, faisait perdre à la femme remariée son douaire, d'ailleurs modique, sur les domaines congéables du mari.

Enfin, à l'époque qui nous occupe, on n'appliquait plus les constitutions du Bas-Empire restrictives de la quotité disponible à l'égard du second époux ; mais l'édit

(1) t, 3, 33, règle 168.
(2) Loysel, t, 3, 40, r. 175.

des secondes noces và les faire revivre et leur donner de nouveau force de loi.

DE L'ÉDIT DES SECONDES NOCES.

Le droit romain défendait aux veufs et veuves, qui convolaient, de rien donner à leur nouvel époux de ce qu'ils avaient reçu de la libéralité du premier, à quelque titre que ce fût. La même législation ne permettait aux veuves ayant des enfants de donner à leur second mari qu'une part égale à celle de l'enfant le moins prenant. Ces dispositions n'avaient point passé dans l'ancien droit coutumier.

Le célèbre édit de François II, rendu en 1560, sous l'inspiration du chancelier l'Hôpital, remit en vigueur dans toute la France les constitutions *Feminæ quæ, Generaliter* et *Ilde edictali*. Cette dernière est reproduite dans le premier chef de l'édit ; les deux autres, dans le second chef.

Il ne paraît pas que le convol ait jamais exercé une influence sur la faculté pour le nouvel époux de succéder *ab intestat* au survivant remarié, ni sur la faculté pour ce dernier de conserver les biens qu'il avait acquis *ab intestat* du patrimoine du prédécédé ; à ce point de vue, l'influence du convol était moins générale dans notre ancien droit que dans le droit romain (1).

(1) Voir Pothier, *Traité du contrat de mar.*, 7ᵐᵉ partie, *des sec. mar. et de l'édit. des sec. noces.*

Section I. — Du premier chef de l'édit.

Voici les termes du premier chef de l'édit :

« Ordonnons que femmes veuves, ayant enfants, ou
» enfants de leurs enfants, si elles passent à de nouvel-
» les noces, ne peuvent et ne pourront, en quelque façon
» que ce soit, donner de leurs biens, meubles, acquêts,
» ou acquis par elles d'ailleurs que de leur premier
» mari, ni moins leurs propres, à leurs nouveaux maris,
» père, mère ou enfants desdits maris, ou autres per-
» sonnes qu'on puisse présumer être par fraude ou dol
» interposées, plus qu'à l'un de leurs enfants, ou enfants
» de leurs enfants; et s'il se trouve division inégale de
» leurs biens faite entre leurs enfants ou enfants de leurs
» enfants, les donations par elles faites à leurs nouveaux
» maris seront réduites et mesurées à la raison de celui
» des enfants qui en aura le moins. »

Il défend à la femme survivante de donner à son nouveau mari plus que la part de l'enfant le moins prenant.
Nous allons voir quelle était l'étendue de la prohibition,
sa sanction, et quel était l'effet particulier de la donation
d'une part d'enfant.

§ I. — De l'extension du premier chef.

A. Quant aux personnes. — A la différence de la constitution *IIde edictali*, qui s'appliquait aux hommes et aux
femmes, le premier chef ne parle que des femmes veuves ;
il faut rappeler ici que l'édit fut en effet rendu dans le
but de réprimer certaines donations exagérées faites par

8

les veuves au détriment des enfants du premier lit (a) ; voilà pourquoi le premier chef ne parle que des femmes ; mais la jurisprudence l'appliqua aux hommes (1).

Quant aux personnes qui ne pouvaient recevoir plus que ne permet le premier chef, c'étaient les maris ou femmes qu'on épouse en second ou ultérieur mariage, le père, la mère et les enfants du nouvel époux : pour ces personnes existait une présomption légale d'interposition. La jurisprudence avait étendu cette règle à tous les ascendants et descendants du nouveau conjoint ; cette extension était également admise par Pothier (2). Toutes ces personnes sont donc incapables de recevoir tant que dure le nouveau mariage ; mais la prohibition n'avait plus sa raison d'être à la dissolution du mariage, ou après la mort, sans postérité, des enfants du premier lit. Les enfants communs de l'époux remarié et du nouveau conjoint n'étaient pas présumés personnes interposées.

B. Quant aux actes. — En principe, toutes les libéralités tombaient sous l'application de l'édit ; étaient donc interdites toutes donations directes ou indirectes, entre vifs ou testamentaires. Le douaire conventionnel, quand il n'excédait pas le douaire légal, et ce dernier *à fortiori*, n'étaient pas considérés comme des avantages, mais comme l'acquittement d'une dette du mariage (3).

C. Quant aux conditions nécessaires. — Il fallait que

(a) Anne d'Aligre, veuve avec sept enfants, fit donation de toute sa fortune à son second mari.

(1) Arrêt de règlement, 18 juillet 1587.

(2) *Traité du contr. de mar.*, t. 6, n° 539.

(3) Ricard, *des Donat.*, n° 1220. — Arrêts 18 juil. 1615 et 10 juil. 1656.

l'époux convolant ait eu un ou plusieurs enfants du premier mariage, ou des petits-enfants. Il fallait en outre que ces enfants fussent capables de lui succéder, mais il n'était pas nécessaire qu'ils fussent ses héritiers. Enfin il fallait, pour que l'édit pût s'appliquer, que le nouveau conjoint ait reçu une libéralité supérieure à la part de l'enfant du premier lit le moins prenant.

§ II. — *Sanction du premier chef.*

Quand le nouveau conjoint avait reçu plus d'une part d'enfant le moins prenant, il était réduit à cette quotité. Notons que la part de l'enfant le moins prenant ne pouvait jamais être inférieure à sa légitime.

A. Quotité disponible. — Supposons d'abord que les enfants, tant communs que du premier lit, de l'époux remarié sont tous au premier degré et héritiers pour parts égales; dans ce cas, le nouveau conjoint est compté comme un enfant de plus et prend une part virile.

Si nous supposons au contraire que les enfants ne sont pas tous du premier degré, le partage se fait par souches et le nouvel époux prend une part égale à celle de chaque souche.

Quid si l'époux remarié ne laisse que des petits-enfants d'une même souche? Dans ce cas, la jurisprudence coutumière ne donnait au nouvel époux qu'une part de petit-enfant, parce que alors le partage se faisait par têtes. En ce sens, voir Ricard (1), Lebrun (2) et Pothier (3). L'édit

(1) *Op. cit.*, n° 1272.
(2) *Des Succ.*, liv. 2, ch. 6, sect. 1.
(3) *Op. cit.*, n° 565.

semble en effet confirmer cette opinion, car il met trois fois sur la même ligne les enfants ou *enfants de leurs enfants*.

Nous ne croyons pas cependant devoir nous ranger à ce sentiment, et nous pensons que par ces mots « enfants de leurs enfants », l'édit n'entend parler que de petits enfants, descendant chacun d'une souche différente ; par suite le nouveau conjoint prendra, dans l'espèce, une part égale à celle de tous les petits-enfants réunis, et non une part égale à celle que prend le moins favorisé d'entre eux. En ce sens, arrêt du Parlement de Toulouse, du 16 mai 1819.

Pour calculer la part d'enfant, on ne comptait ni les enfants renonçants, ni les indignes, mais seulement les enfants *héritiers*; c'est ce qui ressort du texte même de l'édit, lorsqu'il parle *(in fine)* de l'enfant qui aura le moins. Or, nous savons que, dans les pays de coutume, pour avoir quelque part dans une succession, il fallait être héritier. « *Apud nos*, dit Dumoulin, *non habet legitimam nisi qui heres est.* »

B. Qui peut demander la réduction? — En droit romain, nous avons vu que la loi *quoniam* (1) de Justinien accordait l'action en réduction tant aux enfants du second mariage qu'à ceux du premier; ce n'était que par leur concours avec les enfants du premier lit, que ceux du second avaient droit au retranchement. Mais, pourvu qu'il existât un enfant du premier lit, lors du décès de l'époux remarié, le droit à la réduction s'ouvrait simultanément au profit des enfants de tous les lits.

(1) L. 9, pr. C., v, 9.

Nous savons aussi que Justinien dans la Nov. 97, ch. 27, avait rendu le droit de réduction aux enfants du premier lit exclusivement. Cette Novelle était suivie dans les pays de droit écrit, mais, dans les pays de coutume, on s'en tenait à la loi *quoniam* (1), en vertu du principe qu'une égalité stricte doit régner entre tous les enfants d'un même auteur.

Pour que les enfants pussent exercer l'action en réduction, fallait-il qu'ils fussent héritiers? La généralité des anciens auteurs résolvait négativement la question; d'après eux, il n'y a pas, dans le droit à la réduction, un droit successoral, mais un bénéfice particulier résultant de l'édit, lequel n'en a pas subordonné la jouissance à la qualité d'héritier. Ainsi il n'est pas nécessaire que les enfants viennent à la succession pour avoir droit au retranchement, car ce n'est pas dans leur qualité d'héritiers, mais dans leur qualité d'enfants, qu'ils puisent ce droit. Cependant l'action en réduction n'appartient ni aux enfants exhérédés pour juste cause, ni aux filles dotées qui ont renoncé à tout droit dans la succession de leur auteur.

M. Boissonade a combattu ce système avec force. Pour lui, le droit à la réduction n'est qu'une extension spéciale de la légitime, et les enfants ne peuvent bénéficier de l'édit qu'autant qu'ils se portent héritiers (2).

C. Nature et effets de l'action en réduction. — Les enfants pouvaient intenter contre l'époux survivant une

(1) Ricard, n° 1289. — Lebrun, liv. 2, ch. 6, sect. 1.
(2) pp. 303-304.

une action en réduction que Pothier appelle *personnelle-réelle* ; ce qui signifie que si les biens ne sont plus aux mains de l'époux donataire, l'action pourra être intentée contre les tiers détenteurs, qui n'ont pu acquérir ces biens, que tels qu'ils étaient aux mains de l'époux, c'est-à-dire grevés de la charge de la réduction.

Le principe de la réduction était que les biens devaient être estimés à la valeur qu'ils auraient eue, s'ils étaient restés dans le patrimoine de l'époux donateur : c'était en effet de cette valeur qu'il avait dépouillé les réservataires. Pour connaître cette valeur, il fallait rechercher quelle était la valeur des biens au jour de la donation, puis on examinait si la différence de la valeur actuelle résultait d'améliorations ou de détériorations faites par le donataire ou ses ayant-cause; on déduisait la plus-value à leur profit, et ils étaient débiteurs de la moins-value. C'est d'après la valeur estimative des biens lors de l'ouverture de la succession, que l'on calcule la part de l'enfant le moins prenant, et que l'on voit si la donation faite à l'époux dépasse ou non cette part.

L'action personnelle en restitution de l'excédant s'exer-çait surtout pour les donations mobilières, tandis que l'action réelle avait lieu principalement pour les dona-tions d'immeubles, à l'effet d'obtenir le partage de la propriété du bien donné, jusqu'à concurrence de la part d'enfant le moins prenant qui revenait à l'époux.

La réduction opérée, comment et entre qui se partage l'excédant? En d'autres termes, l'époux donataire avait-il une part d'enfant dans les biens dont il venait de subir la réduction? Cette question a donné lieu à deux systèmes,

PREMIER SYSTÈME. — L'époux donataire ne prend pas sa part dans l'excédant des biens donnés. Ricard (1) et Pothier (2) se fondaient : 1° sur la loi *IIde edictali*, disant que ce qui excéderait une part d'enfant serait considéré comme non donné et partagé entre les enfants; 2° sur la Nov. 22, ch. 27, portant formellement « *competit filiis et inter eos solos ex æquo dividitur* »; 3° en décidant ainsi, ils ne violaient pas les termes de l'édit, car les enfants ne prenaient la portion retranchée qu'en qualité d'enfants, non en qualité d'héritiers, tandis que c'était sur *la part de succession* de l'enfant le moins prenant que l'époux donataire mesurait la sienne.

DEUXIÈME SYSTÈME. — Renusson (3) et Lebrun (4) soutenaient au contraire que l'époux donataire devait concourir avec les enfants sur la portion retranchée, par la raison que, sans cela, l'édit serait violé, puisque l'époux aurait moins que la part de l'enfant le moins prenant. Les mots « *filiis solos* » de la Nov. 22 n'avaient pas trait à l'époux donataire, mais étaient employés par opposition aux enfants du second lit que la Novelle excluait formellement au profit de ceux du premier; en outre, le troisième argument du premier système renferme une grosse inconséquence; car on dit que l'enfant n'exerce pas un droit de succession, mais que cependant c'est sur sa part de succession que sera mesurée la quotité disponible en faveur du nouvel époux. D'ailleurs, le second système

(1) N° 1319.
(2) N° 591.
(3) *De la Communauté*, part. 1, ch. 3, n° 67.
(4) Liv. 2, ch. 6, sect. 1.

ne donne l'action en réduction à l'enfant que s'il est héritier. Voici comment on a justifié cette solution (1) : « Les
» biens donnés au nouvel époux devaient être fictivement
» remis, par une sorte de rapport, dans la masse des
» biens existants ; sur cette masse on devait chercher la
» part afférente à chaque enfant, en comptant le nouvel
» époux comme un enfant de plus ; la portion de ce der-
» nier ainsi connue, on y réduisait la donation à lui faite ;
» mais alors, bien entendu, cette réduction ne profitait
» plus qu'aux enfants, et cependant, en définitive, ils
» n'avaient pas plus que le nouvel époux. »

Au regard de l'époux donataire, admettait-on qu'il
pouvait exiger des enfants le rapport des biens qu'ils
avaient reçus en avancement d'hoirie, avant la donation
faite à lui-même, ou lui appliquait-on le principe général que le rapport n'est dû qu'aux cohéritiers ? Lebrun
et Pothier décidaient que l'époux donataire, puisqu'il
avait droit à une part d'enfant, pouvait exiger le rapport
réel des avancements d'hoirie. Donner une part d'enfant,
c'est donner les droits d'un enfant. Il est évident que si
la donation à l'époux a précédé les donations faites aux
enfants, la première, étant irrévocable, n'a pu être
révoquée par les secondes. Donc, dans ce cas, la question
ne fait pas doute.

Nous pensons avec Denisart (2) que l'époux ne pouvait
exiger des enfants qu'un rapport fictif qui servait à calculer la part d'enfant. Les enfants demandent le rapport

(1) Boisson., p. 306.
(2) Voir Rapport, n° 71.

— 131 —

entre eux pour parfaire leur part héréditaire : or, c'est sur la part héréditaire du moins favorisé que l'époux mesure sa part. Il peut donc invoquer le rapport, et calculer sa part sur le total des biens existants et des biens donnés, mais non prendre sa part sur les biens rapportés. Les enfants seuls ont droit au rapport.

§ 3. — *Des donations de parts d'enfants.*

Il arrivait souvent que l'époux qui se remariait donnait par contrat de mariage à son nouveau conjoint une part d'enfant le moins prenant. Cette disposition constitue une donation de biens à venir, une sorte d'institution contractuelle, puisqu'elle donne droit à une part des biens laissés au décès : le donataire était donc tenu *intrà vires* des dettes du défunt, et la donation devenait caduque par son prédécès.

Remarquons seulement que Pothier et Renusson admettaient que les enfants issus du mariage étaient substitués vulgairement à l'époux donataire pour le cas où il prédécèderait.

Quand il ne restait pas d'enfant, la donation d'une part d'enfant devait-elle comprendre la totalité des biens ? Lebrun soutenait l'affirmative. Ricard et Pothier, au contraire, n'accordaient, dans ce cas, que la moitié, d'après la loi romaine : « *Si non fuerit portio adjecta, dimidia pars debetur* (1). » En effet, en ne donnant qu'une part d'enfant, le donateur a évidemment supposé qu'il aurait

(1) Liv. 164, § 1, *de Verbor. signif.*, L. 16.

au moins un enfant ; donc son intention a été de donner une moitié au plus, ce qui est la plus forte part d'enfant.

Au cas de plusieurs convols successifs, la somme des libéralités que l'époux remarié a faites à tous ses nouveaux conjoints ne doit pas excéder une part d'enfant le moins prenant. C'est ce que décidait le plus grand nombre des auteurs. En effet, l'édit ne dit pas : les époux convolants ne peuvent donner à chacun de leurs nouveaux maris, mais il dit : « ne peuvent donner à leurs nouveaux » maris plus qu'à un de leurs enfants. » Nous retrouverons cette question en étudiant le code civil.

Section II. — Du second chef de l'Edit.

Le premier chef de l'édit limitait à une part d'enfant le moins prenant les libéralités que l'époux, qui se remariait, pouvait faire à son nouveau conjoint. Le second chef lui imposait l'obligation de conserver intactes les libéralités qu'il avait acquises du conjoint prédécédé.

Voici les termes du second chef :

« Et au regard des biens à icelles veuves acquis par » dons et libéralités de leurs défunts maris, elles ne » peuvent et ne pourront en faire aucune part à leurs » nouveaux maris ; mais elles seront tenues de les réserver » aux enfants communs d'entre elles et leurs maris de » la libéralité desquels iceux biens leur seront advenus. » Le semblable voulons être gardé ès biens qui seront » venus aux maris par dons de leurs défuntes femmes. »

Les deux chefs de l'Edit tendaient au même but, qui était de sauvegarder l'intérêt des enfants du premier lit. Etudions les deux dispositions du second chef.

§ 1. — *Défense de donner au nouvel époux aucune portion des biens acquis du premier époux.*

L'Edit ne parlait que des biens acquis par dons et libéralités; mais on étendait cette disposition générale à toute espèce d'avantages directs ou indirects, à toutes libéralités entre-vifs ou testamentaires. Le douaire conventionnel lui-même tombait pour le tout sous l'application de l'Edit; au contraire, le douaire légal n'était pas atteint, car il constitue un avantage fait par la coutume plutôt que par le mari.

Si la prohibition du second chef n'avait pas été respectée, la donation n'était pas seulement réductible, mais nulle pour le tout. Remarquons toutefois que les enfants du premier lit ne pouvaient agir en répétition qu'à la mort du donateur, car leur droit ne leur était irrévocablement acquis que s'ils survivaient au donateur, eux ou leur postérité.

§ 2. — *Effets du second chef.*

En droit romain, le conjoint survivant qui convolait était dépouillé de la propriété des biens qui lui venaient de son premier époux, et n'en conservait que l'usufruit. L'édit laissait la propriété à l'époux convolant, mais en l'obligeant à conserver les biens aux enfants du premier lit. Il était donc chargé, à leur profit, d'une substitution fidéicommissaire. Cette substitution était légale, car si le donateur, prévoyant le convol du survivant donataire, lui avait fait pour ce cas remise expresse de la substitution, cette remise était nulle (1).

A. Cette substitution profitait aux enfants issus du mariage du conjoint donateur avec le conjoint donataire remarié. Les petits-fils prenaient la place de leur auteur prédécédé et exerçaient les mêmes droits. Pour jouir de la substitution, ces enfants n'avaient pas besoin d'être héritiers du conjoint remarié, car ce n'est pas de lui qu'ils tiennent les biens grevés. Ils n'ont pas même besoin d'être héritiers de leur auteur prédécédé, qui est censé avoir appelé au bénéfice de cette substitution, non point ses héritiers, mais ses enfants. Par application de ces principes, ne profitaient pas de la substitution les enfants valablement exhérédés, ni les filles dotées, et, comme telles, renonçantes par contrat de mariage, ou exclues par leur coutume. Toutefois, nous avons déjà vu, dans la première section, que la question était controversée.

B. Par suite du principe en vertu duquel les enfants du premier lit étaient réputés tenir les biens, non du donataire qui les leur conservait, mais du donateur originaire, il arrivait :

Que les immeubles recueillis étaient des propres, paternels ou maternels, suivant la qualité du donateur ; qu'ils ne s'imputaient pas sur la légitime que les enfants

(1) Arrêt de règlement, 19 août 1715.

prenaient dans les biens du dernier époux décédé; que tous les enfants du premier lit étaient appelés indistinctement à la substitution, sans qu'aucun d'eux pût être avantagé; enfin, que les enfants du second mariage ne pouvaient rien prétendre sur ces biens, puisqu'ils ne venaient pas de leur auteur.

Les aliénations ou constitutions de droits réels consenties depuis la mort du grevant par le conjoint remarié sont révoqués de plein droit par le convol.

C. La substitution s'éteignait quand tous les appelés étaient prédécédés sans laisser de postérité; alors les biens redevenaient libres entre les mains de l'époux remarié.

Quid au cas d'un nouveau veuvage du grevé, les enfants du premier lit existant encore? Duplessis et Lemaitre avaient admis l'extinction de la substitution par le second veuvage. Pothier était d'un avis différent: pour lui, l'obligation de conserver les biens ne pouvait s'éteindre que par le prédécès des substitués. L'édit cependant ne paraissait pas comporter ces rigueurs; et nous pensons plutôt que la constitution s'éteignait à la dissolution du second mariage, qui seul l'avait produite.

Voilà comment la généralité des coutumes appliquait le second chef de l'édit. Toutefois, les coutumes de Paris et d'Orléans avaient ajouté une double prohibition à ses dispositions. Mais comme cette extension est en dehors de notre sujet, nous ne devons pas nous y arrêter.

Appendice. — L'art. 18 de l'ordonnance de Blois, d'Henri III, avait établi des peines spéciales contre le convol des veuves remariées à des personnes indignes. La veuve qui ayant des enfants d'un premier lit, se remariait avec une

personne indigne était d'abord atteinte par l'édit des secondes noces. En outre, on lui ôtait la faculté de faire à
son nouveau mari aucun avantage direct ou indirect. De
plus, du jour des fiançailles, on lui interdisait d'aliéner
ou d'engager ses biens. L'action qui sanctionnait cette interdiction naissait au profit des enfants du premier lit,
s'ils existaient encore au décès de la veuve. S'ils l'inten-
taient, elle profitait aux enfants des deux lits; s'ils restaient
dans l'inaction, l'action pouvait être exercée par les enfants du second lit.

La veuve était censée convoler avec une personne indigne quand, veuve d'un gentilhomme, elle épousait un
artisan ou un sergent, quand, veuve d'un honnête bourgeois, elle épousait un gagne-denier ou son domestique,

QUATRIÈME PARTIE

DROIT INTERMÉDIAIRE

CHAPITRE PREMIER

DE LA SUCCESSION *AB INTESTAT*

Quand la Révolution éclata, les principes et les besoins nouveaux étant incompatibles avec l'ancien état de choses, il fallut tout réformer ; la réaction se fit d'abord dans l'ordre politique, mais en même temps, on proclama l'unité de législation dans toute la France. La féodalité avait accompli peu à peu la fusion des races, la Révolution fit, en un jour, la fusion des classes.

On abolit les derniers vestiges féodaux ; on remania tout. On voulait détruire à tout prix l'aristocratie de fortune qu'avait produite la concentration séculaire des biens dans les mêmes familles ; pour cela, le législateur nouveau ordonne le partage égal, abolit les anciens privilèges, et n'est favorable qu'au morcellement de la propriété et à la circulation des biens.

On reconstitua la théorie des successions et des donations, pour la concilier avec le système politique, dont elle dépend. Du moins a-t-on conservé quelques gains de survie légaux de l'ancien droit? Ils ont tous sombré dans la tourmente et ont disparu.

La loi du 17 nivôse an II ayant aboli en termes généraux (article 61) toutes les lois, coutumes, usages et statuts relatifs à la transmission des biens par succession ou donation, la jurisprudence, guidée d'ailleurs par une loi interprétative du 9 fructidor an II, a décidé que cette disposition avait implicitement supprimé le douaire et l'augment, qui n'étaient que des modes particuliers de succession au profit de la veuve.

« Le douaire, dit M. d'Espinay, qui était une des ins-
» titutions les plus générales de notre ancien droit, a
» disparu dans la tourmente révolutionnaire sans qu'on
» puisse en savoir exactement le motif. Le douaire ne
» venait ni du régime féodal, ni du système aristocra-
» tique; il n'avait rien d'incompatible avec l'esprit des
» lois modernes. On aurait pu l'admettre en effaçant
» seulement les distinctions coutumières qui reposaient
» sur la différence des biens ou des personnes (1). »

La loi de nivôse ne modifia point le droit successoral *ab intestat* du conjoint survivant : il est donc toujours réduit à la *bonor. poss. unde vir et uxor*, qui ne le fait préférer qu'au fisc.

(1) D'Espinay, *op. cit.* p. 459.

CHAPITRE II

SUCCESSION TESTAMENTAIRE

On sait quel fut l'esprit des lois révolutionnaires. La loi de nivôse, sortie du sein de la Convention, bouleversa tout le système successoral. Elle interdit d'une manière générale la faculté de disposer, même en faveur des successibles. Qu'importe le droit naturel, a dit un juriconsulte, aux législateurs qui sacrifient aux idées politiques ? Le législateur craignait que le père de famille ne disposât encore en faveur de ses proches et ne perpétuât ainsi en fait un état de choses qu'il voulait faire disparaître.

Cette loi réactionnaire avait fait cependant une exception en faveur des libéralités entre époux (art. 13-14). Les époux purent se donner, s'ils n'avaient point d'enfants, même en face d'ascendants, la pleine propriété de tous leurs biens, quelles qu'en fussent la nature et l'origine, et la moitié de tous leurs biens en usufruit, quand il y avait des enfants issus du mariage ou d'une précédente union.

On peut s'étonner de la faveur exceptionnelle que la loi de nivôse accorde aux dispositions entre époux, « à l'époque même, dit M. Boissonade, où le mariage est déjà dépouillé de sa dignité, et où le divorce pour simple incompatibilité d'humeur lui a déjà enlevé le dernier caractère qui l'élevait encore au-dessus des autres con-

9

» trats, l'indissolubilité. Il semble que la prohibition tradi-
» tionnelle n'ait plus sa raison d'être, et que le législateur
» n'ait plus souci de maintenir le désintéressement dans
» la société conjugale (1). »

Remarquons cependant que la loi ne faisait que justice ; car elle venait d'abolir les droits de survie légaux,
que le droit ancien reconnaissait au conjoint survivant,
sans doute parce qu'ils semblaient peu compatibles avec
la facile dissolubilité du mariage ; la loi nouvelle devait
donc permettre aux époux de suppléer dans une mesure
convenable à la privation des gains de survie coutumiers.

CHAPITRE III

DU CONVOL DE LA VEUVE

Comme la loi de nivôse ne parle pas explicitement du
convol, on peut se demander si cette loi avait laissé subsister l'édit des secondes noces.

Le premier chef de l'édit, qui défendait de donner au
nouvel époux plus d'une part d'enfant, fut évidemment
abrogé par l'art. 13 qui permettait aux époux de se donner une moitié en usufruit, quand il y avait des enfants
communs ou d'un lit précédent. Il suit de là que l'époux
remarié pouvait, en certains cas, donner à son nouveau
conjoint plus qu'à un enfant, tandis que, en d'autres cas,
il ne pouvait pas lui donner autant.

(1) P. 328.

Quant au second chef, qui ordonnait à l'époux binube de conserver aux enfants du premier mariage les gains nuptiaux provenus de cette union, nous pensons qu'il était implicitement aboli par l'art. 61 précité de la loi de nivôse, qui abrogeait toutes lois et coutumes relatives à la transmission des biens par donation et succession (1).

Le convol était donc, sous la législation intermédiaire, destitué de l'influence que lui avaient attribuée le droit romain et notre ancien droit. Les motifs de l'antique prohibition n'existaient plus en effet. Le législateur n'estimait plus le mariage, puisqu'il l'avait altéré dans son essence par l'introduction du divorce ; en outre, les enfants ne lui inspiraient plus d'intérêt, puisqu'il voulait empêcher la conservation des biens dans les familles. Il était d'ailleurs naturel qu'avec l'introduction du divorce disparût la protection des enfants du premier lit.

(1) *Contrà*, Chabot, *quest. transit.*, voir Noces (secondes). — Cass., 2 mai 1808 et 11 janv. 1825.

CINQUIÈME PARTIE

DROIT MODERNE FRANÇAIS.

Nous resterons fidèle à la division tripartite que nous avons jusqu'ici adoptée, pour étudier la situation faite à la veuve, au point de vue successoral, dans la législation française actuelle.

Nous traiterons donc, dans le premier chapitre, des droits de succession *ab intestat* : nous verrons le législateur de 1804 rompre sans raison, sans nécessité, et, ce qu'il y a de plus déplorable, sans compensation, avec les anciennes traditions, et n'accorder à la veuve que des droits dérisoires. Dans un appendice à ce premier chapitre, nous examinerons le projet de réforme, déjà voté par le Sénat, et actuellement soumis à l'examen de la Chambre des Députés.

Le second chapitre est destiné à l'étude de la succession testamentaire. Nous nous livrerons ici, aussi prudemment que possible, à l'examen des questions aussi vastes qu'intéressantes, aussi importantes et savamment discutées que graves et difficiles, que présente l'étude de la quotité disponible entre époux.

Dans un troisième chapitre, nous examinerons l'influence du convol sur les libéralités que l'époux remarié peut faire à son nouveau conjoint.

Enfin, dans un dernier chapitre, nous exposerons les théories du cumul des deux disponibles et de la réduction des libéralités excessives.

CHAPITRE PREMIER

DE LA SUCCESSION *AB INTESTAT*

A l'étude du droit propre de succession *ab intestat*, se rattache l'examen des droits de survie que la loi accorde au conjoint survivant. De ces gains légaux, les uns sont organisés par le Code civil, les autres par des lois spéciales.

Nous ne nous occuperons pas des droits *de l'iduité* qui ne sont pas des gains de survie proprement dits.

Ce chapitre sera divisé en cinq sections.

Section I. — Du droit de succession ab intestat proprement dit.

Une des idées dominantes des rédacteurs du Code civil a été de tenir compte, dans leurs lois, de l'expérience du passé et de « cette tradition de bon sens, de règles et » de maximes qui était parvenue jusqu'à eux, et qui

» forme l'esprit des siècles (1). » Cette règle de conduite, cette idée dominante, toute de raison, font honneur au législateur français; il ne faut pas en effet que les législations restent stationnaires, mais bien qu'elles profitent de l'expérience de leurs aînées.

Nous avons suffisamment insisté sur les droits que les législations antérieures à la nôtre ont reconnu de tout temps au conjoint survivant; nous n'avons nul besoin de rappeler ici la quarte du conjoint pauvre, le douaire, l'augment de dot. Le législateur ancien, tenant compte de l'affection présumée du défunt pour sa femme et pour ses enfants, avait trouvé juste qu'ils eussent tous, pour cette raison, une part dans son hérédité.

Transportons-nous maintenant dans la salle des séances du conseil d'Etat, le 9 nivose de l'an XI; et voyons comment le législateur moderne a profité de l'expérience du passé.

On discute le chap. IV, sect. 2, du code, intitulé : Des droits du conjoint survivant et de l'Etat. On adopte presque sans discussion tous les articles de ce chapitre. Cependant Maleville observe qu'on a omis dans ce chapitre une disposition reçue dans la jurisprudence, qui donnait une pension à l'époux survivant, lorsqu'il était pauvre et qu'il ne recueillait pas la succession. Treilhard répond que déjà le conjoint est appelé à l'usufruit du tiers des biens, en vertu de l'article 55 (d'après Fenet), de l'art. 40 (d'après Locré). Tel est l'extrait fidèle du compte rendu de la séance (2).

(1) Disc. prélim. du Code civ., Fenet, I, p. 450.
(2) Locré, législ. civ., X, p. 102-103. — Fenet, XII, p. 38.

Or, quel était cet art. 40 ? C'était l'article du projet discuté (accordant l'usufruit d'1/6), qui est devenu l'art. 754 du code et qui dispose : « Dans le cas de l'article précédent,
» (c'est-à-dire quand ils sont en concours avec des colla-
» téraux autres que les frères et sœurs ou descendants
» d'eux), le père ou la mère survivant a l'usufruit du
» tiers des biens auxquels il ne succède pas en propriété. »
Il n'y est nullement question d'un droit de succession réciproque des conjoints. Treilhard avait confondu la mère avec l'épouse, le père avec le mari !

Remarquons toutefois que l'intention des auteurs du projet et celle du Conseil d'Etat était d'attribuer un gain de survie légal au conjoint survivant. Ce n'est que par suite de la grave inadvertance de Treilhard, qui ne fut relevée par personne, ce n'est que par l'effet de l'influence qu'exerça sa réponse, de la confiance qu'inspirait le rapporteur du projet, que le conjoint survivant se trouva privé du droit d'usufruit que tout le monde lui reconnaissait d'autant mieux qu'on croyait l'avoir déjà donné.

Cependant, le guide ordinaire des rédacteurs du code, Pothier, était là qui disait : « Le douaire est ce qui est
» accordé à la femme sur les biens de son mari pour ses
» aliments, pour sa subsistance, au cas qu'elle lui
» survive (1). »

Que faisaient donc les citoyens législateurs ?

Quandocumque bonus dormitat......

Du moins, reconnaissons-le, avec M. Boissonade (2).

(1) *Du Douaire*, n° 2.
(2) P. 310.

ce n'est pas par un mépris des sages leçons du passé que l'époux survivant a été ainsi sacrifié. « Les législateurs
» de 1804 n'ont pas le tort d'un divorce avec la raison
» et avec l'équité; ils ont seulement commis une lourde
» méprise : ils ont avoué le droit de l'époux, ils ne
» l'ont donc pas sacrifié; mais ils ont cru l'avoir sanc-
» tionné et organisé ailleurs, alors qu'ils n'en avaient
» rien fait ! »

Nous pouvons maintenant aborder le commentaire de l'art. 767. Il est ainsi conçu :

« Lorsque le défunt ne laisse ni parents au degré suc-
» cessible, ni enfants naturels, sa succession appartient
» au conjoint non divorcé. »

Et l'article suivant ajoute : « A défaut de conjoint sur-
» vivant, la succession est dévolue à l'Etat. »

« Si les parents manquent, plutôt que d'appeler le fisc,
» qui est l'héritier de ceux qui n'en ont point, on préfère
» le conjoint survivant (1). » C'est en ces termes que le tribun Siméon appréciait la situation faite par la loi au conjoint survivant, et consacrait la règle ancienne : *fiscus post omnes.*

Ainsi donc, le titre d'époux renferme une vocation successorale : la loi donne une place au conjoint survi-vant parmi les successeurs *ab intestat.* L'art. 723 nous dit en effet qu'à défaut d'enfants légitimes, les biens passent aux enfants naturels, à défaut d'enfants naturels (ou de leurs descendants légitimes), au conjoint sur-vivant (759).

(1) Fenet, xii, p. 233. — Locré, x, p. 266.

Remarquons d'abord que l'art. 723 est doublement inexact : car les enfants naturels succèdent, non pas seulement à défaut d'enfants légitimes, mais en concours avec eux ; ils ont donc une vocation de même rang, bien qu'ils n'aient pas les mêmes droits. En outre, il n'est pas toujours vrai que le conjoint survivant succède, quand il n'y a ni enfants légitimes ni enfants naturels ; cela n'est vrai que si l'époux *de cujus* était lui-même enfant légitime ; car, s'il était enfant naturel, le conjoint survivant serait exclu par les père ou mère naturels (765), et, s'il n'en existait pas, par ses frères ou sœurs naturels (766).

Il se peut cependant que le conjoint survivant prime l'enfant naturel, quand ce dernier issu d'un autre que le survivant a été reconnu par le *de cujus* après le mariage (337).

Aujoutons que cette rare exception devrait être la règle. La loi qui préfère les enfants naturels au conjoint légitime n'est ni morale, ni juste. « Il nous semble, dit » M. Demolombe (1), que l'exclusion absolue du conjoint » survivant par de tels successeurs est véritablement » blessante pour les susceptibilités les plus légitimes de » son cœur, non moins que pour la dignité même du ma- » riage. »

Remarquons enfin que la loi n'appelle à la succession *ab intestat* que le conjoint non divorcé. La cause de la vocation de l'époux étant le mariage, il faut, pour qu'elle naisse, que le mariage ait persisté jusqu'au décès de l'un

(1) XIV, *des Successions.*

des époux. La vocation successorale subsiste aujourd'hui malgré la séparation de corps, mais elle est détruite par une des causes d'indignité. S'il s'agit d'un mariage putatif, comme cette union produit à l'égard des époux tous les effets civils du mariage, le survivant succédera au *de cujus*, pourvu qu'il ait contracté le mariage de bonne foi, et que le mariage n'ait pas été annulé du vivant des deux parties. Car alors il serait inexistant, même en tant que mariage putatif, et la vocation du survivant ne pourrait naître, faute de cause. Ainsi le décidait Ulpien : « ut autem hæc » bonorum possessio locum habeat, uxorem esse oportet » mortis tempore. (1) »

L'époux survivant n'est d'ailleurs qu'un successeur irrégulier. Il n'a pas la saisine légale, que lui reconnaissait le droit coutumier, et sa vocation n'est définitivement effective que lorsqu'il a accompli les diverses formalités de l'envoi en possession.

Ainsi, ce n'est qu'à défaut de parents successibles, et remarquons que les parents succèdent jusqu'au douzième degré, que la loi appelle le conjoint survivant.

Comment ne pas être choqué de voir combien est humble la place qu'occupe l'époux dans l'économie du système successoral ?

Est-il besoin d'ajouter que l'époux méritait un rang meilleur, surtout si l'on songe que l'affection présumée du défunt est à la fois la cause et la mesure de la vocation *ab intestat?* Avouons-le, la loi actuelle n'est pas conforme au droit naturel, c'est-à-dire, à la raison et à la justice.

(1) L. 1, pr. D., *undè vir et ux.*

Examinons en effet les conséquences du système de la loi : deux époux ont été unis ; le mari était riche, la femme pauvre. Ils n'ont pas adopté le régime de communauté de biens. Le mari meurt, qu'arrive-t-il ? La veuve se trouve complètement abandonnée par la loi, s'il y a un successible autre qu'elle, car le plus souvent le mari n'aura pas songé à assurer le bien-être de celle qu'il laisse après lui ; elle, qui avait vécu dans l'opulence, qui s'était habituée au bonheur, qui n'avait pu prévoir l'avenir, se trouvera plongée dans l'indigence et dans la douleur ! Cette veuve, en habits de deuil, pourra bien se demander pourquoi elle est une déshéritée de la loi ! Que peut-elle invoquer en effet pour obvier à ce brusque changement de fortune ? L'article 767. Mais ce texte n'aura jamais d'application, car la loi préfère au conjoint tous les parents du défunt, jusqu'au douzième degré, c'est-à-dire, ceux même qui depuis longtemps ne sont plus des parents. La loi aurait pu, tout au moins, distraire de cette riche succession qu'elle donne à des héritiers éloignés une portion convenable pour assurer à la veuve une situation décente. Elle ne l'a pas fait ; elle ne lui a pas même accordé une pension alimentaire sur la succession de son mari !

Assurément la loi n'est pas juste : et cependant elle existe ! On a tenté de la justifier, nous ne l'ignorons point ; mais ce n'est pas ici que nous nous proposons de réfuter les raisons que l'on a invoquées en faveur de la loi.

Depuis la promulgation du code, il s'est écoulé trois quarts de siècle : il était permis d'espérer que le législateur, connaissant la méprise des rédacteurs du Code, avait dès longtemps réparé cette erreur et comblé la lacune qu'elle avait produite. Il n'en est rien cependant : le législateur n'a pas encore fait œuvre de réparation.

Du moins, y a-t-il songé ? En 1849, M. Bourzat fit une proposition législative pour améliorer la situation du conjoint survivant. Il demanda que le survivant *indigent* fût appelé à une part d'enfant en usufruit, au maximum d'un quart, en face de descendants, et à un quart en propriété dans tous les autres cas. En outre, le conjoint devait être héritier à réserve.

Cette proposition, très louable d'ailleurs, était de sa nature contraire à la dignité du mariage, parce qu'elle ne voulait secourir que l'indigence : ainsi restreinte dans ses effets, elle était d'autre part trop large en demandant une réserve pour le conjoint survivant, c'est-à-dire plus qu'un simple droit de succession.

Elle fut toutefois prise en considération ; mais la commission, par l'organe de M. Victor Lefranc, rapporteur, proposa seulement, en faveur de l'époux *qui serait dans le besoin*, une pension alimentaire qui ne devait jamais dépasser l'usufruit des biens de la quotité disponible (1). Par suite des événements politiques, ce projet de réforme, d'ailleurs insuffisant, ne put aboutir.

Avant d'arriver à l'époque actuelle, mentionnons l'article 1 de la loi des 14-19 juillet 1866, *sur les droits des auteurs*, que nous aurons à examiner, et qui accorde au conjoint survivant des droits successifs assez importants. Cette loi accuse une tendance favorable de la part du législateur, qui disait dans l'exposé des motifs :

(1) Voir *Moniteur* du 7 févr. 1851.

« La présomption des intentions du mari a désavoué
» le Code et élevé la veuve au premier rang des succes-
» seurs (1). »

En outre, lors de la discussion de la loi, plusieurs
membres du Corps législatif émirent le vœu qu'un projet
de réforme générale fût mis à l'étude.

Depuis, M. Rodière, le regretté professeur de la faculté
de Toulouse, et M. Boissonade, ont, dans de savants mémoires, formulé des vœux en faveur du conjoint survivant. Le premier appellerait le conjoint *ab intestat* après
les ascendants et en concours avec les frères et sœurs :
il ne va pas jusqu'à lui assurer une réserve, mais il lui
accorderait une part en pleine propriété (2). Le second,
dans son mémoire, couronné par l'Institut, en 1871,
résume ses observations en un projet de loi sur les droits
du conjoint survivant (3). En examinant le projet de
réforme, nous aurons souvent occasion de comparer la
loi votée par le Sénat avec les améliorations proposées
par M. Boissonade.

Enfin, une nouvelle proposition législative a été faite à
l'Assemblée nationale par M. Delsol, député de l'Avey-
ron, dans la séance du 21 mai 1872 (4). La prise en considération eut lieu dans la séance du 21 mars 1873, et
une commission fut nommée le lendemain pour examiner le projet de loi.

Les cours d'appel et les facultés de droit, conformé-

---

(1) Duvergier, t. 46, p. 272.
(2) *Recueil de l'Acad. de législ.*, t. v, pp. 139 et s.
(3) Boisson., *op. cit.*, pp. 574-578.
(4) Voir *Officiel*, 7 juin 1872, p. 3821, et 27 juin 1872, p. 3426.

ment aux vieilles traditions, furent consultées sur l'économie du projet. Le 29 décembre 1875, M. Humbert déposa son rapport, résumant l'avis des jurisconsultes ; et le 30 décembre, M. Sébert déposa le sien, résumant l'opinion des magistrats. Mais, à cette époque, le mandat de l'Assemblée nationale était près d'expirer, et encore une fois le projet ne put être discuté.

Le 13 juin 1876, M. Delsol, que nous retrouvons cette fois dans l'enceinte du Sénat, présente de nouveau son projet de loi, et le 20 février 1877, la commission, nommée pour l'examiner, conclut, par l'organe de son rapporteur, M. Delsol, à l'adoption du projet. Quelques jours après, le 9 mars 1877, le Sénat votait le projet de loi, qui est depuis ce moment soumis à l'examen de la Chambre des députés.

Le premier projet Delsol accordait dans certains cas une part en pleine propriété à l'époux survivant ; dans le second projet, le droit de l'époux consiste toujours en usufruit. Voici d'ailleurs le texte adopté par le Sénat, en remplacement de l'article 767 :

1° Lorsque le défunt ne laisse ni parents successibles, ni enfants naturels, les biens de la succession appartiennent en toute propriété au conjoint qui lui survit ;

2° Dans tous les cas, où le conjoint ne succède pas à la pleine propriété, il a sur les biens du prédécédé un droit d'usufruit réglé ainsi qu'il suit ;

3° Si le défunt laisse un ou plusieurs enfants issus du mariage, le conjoint a l'usufruit du quart des biens ;

4° Si le défunt laisse des enfants nés d'un précédent mariage, l'usufruit du conjoint s'exerce sur une part d'enfant légitime le moins prenant, sans que cet usufruit puisse frapper plus du quart des biens ;

5° Si le défunt laisse des parents autres que des enfants légitimes, le conjoint a, quels que soient leur nombre et leur qualité, l'usufruit de la moitié des biens ;

6° L'époux survivant n'a droit que sur les biens dont le prédécédé n'aura disposé ni par acte entre vifs, ni par acte testamentaire, et sans préjudice du droit des héritiers, auxquels une quotité de biens est réservée et des droits de retour déterminés par la loi. Sur le montant de leurs droits respectifs, l'époux et les héritiers seront tenus d'imputer les libéralités provenant du défunt directement ou indirectement ;

7° Dans le cas prévu par l'art. 754, l'usufruit du père ou de la mère ne s'exerce qu'après celui du conjoint ;

8° L'usufruit de l'époux survivant pourra être converti en une rente viagère, sur la demande d'un ou de plusieurs héritiers du prédécédé, à la charge par eux de fournir des sûretés suffisantes;

9° Le conjoint ne succède ni en propriété, ni en usufruit, lorsqu'il existe contre lui, au moment du décès, un jugement de séparation de corps passé en force de chose jugée.

10° En cas de nouveau mariage, l'usufruit cesse si le défunt a laissé des enfants;

11° La succession du prédécédé doit des aliments au conjoint survivant qui est dans le besoin. Ces aliments sont réglés eu égard à la valeur de la succession, au nombre et à la qualité des successeurs du conjoint prédécédé. Le règlement ne peut être ultérieurement modifié vis-à-vis de la succession du conjoint prédécédé. Il peut l'être à l'égard du conjoint survivant qui cesse d'être dans le besoin;

18° Les dispositions qui précèdent, en ce qui concerne l'usufruit, cesseront de recevoir leur application, toutes les fois que les droits du conjoint auront été réglés, soit par contrat de mariage, soit par donation entre époux, soit par testament.

Tel est l'historique de la question. Est-il enfin permis de croire que l'art 767 va disparaître, que le législateur va faire droit à la raison et à l'équité? ou bien devrons-nous encore une fois rajouter le fil déjà trop long des essais législatifs sur une matière aussi importante? Nous ne redoutons qu'une chose, c'est l'influence de la politique, qui se produit toujours au détriment d'une bonne législation. « Qu'importe le droit naturel, a dit Benech, aux « législateurs qui sacrifient aux idées politiques? »

Section II. — Du droit des veuves sur les majorats.

Le Code venait à peine d'abolir les substitutions que l'Empire créait les majorats. Actuellement, cette institution a disparu de notre législation : nous ne pouvons pas cependant la passer sous silence, car elle fut pour les veuves la source de droits assez importants. Napoléon voulut créer une aristocratie nouvelle et récompenser les généraux et les grands dignitaires, qui avaient rendu au pays des services signalés. A cet effet, il fit des dotations considérables, prises sur les biens de l'Etat et qui étaient transmissibles héréditairement avec le titre, de mâle en mâle, par ordre de primogéniture. Ces grandes propriétés étaient ainsi mises à l'abri des causes de démembrement, conséquences nécessaires de nos lois de succession : c'est ce qu'on appela les majorats *de propre mouvement*.

Il permit en outre de constituer des majorats de biens particuliers, qu'on appela des majorats *sur demande*, parce que l'autorisation impériale était nécessaire. C'était modifier gravement l'ordre légal des successions.

Les décrets des 1er mars 1808, 4 mai 1809 et 3 mars 1810 furent rendus pour organiser cette nouvelle institution.

Les art. 48 et 49 du décret de 1808 accordèrent à la veuve du titulaire du majorat une pension viagère, sorte de douaire prélevé sur les revenus du majorat. Cette disposition trouve son explication naturelle dans la situation extraordinaire faite au fils aîné; il n'était ni juste, ni convenable, en présence d'un fils très riche, de laisser la veuve dans une position inférieure.

La quotité de cette pension viagère n'était pas fixée invariablement; car si le majorat subsistait au profit d'un descendant mâle, elle était du tiers des revenus du majorat; mais elle était de la moitié de ces revenus, si le majorat s'éteignait, faute de postérité masculine. D'ailleurs, si les revenus de la veuve étaient, suivant le cas, égaux au moins à ce tiers où à cette moitié, elle perdait son droit à la pension; s'ils étaient inférieurs, on les complétait jusqu'à due concurrence.

Le convol de la veuve lui enlevait son droit à la pension, à moins que son nouveau mariage n'eût été autorisé par l'Empereur.

10

Il est certain que le divorce privait la veuve de son droit, mais le décret ne visait pas le cas de séparation de corps.

Un décret du 24 août 1812, spécial aux majorats de propre mouvement, réglait la concession et la fixation des pensions des veuves, quand le majorat venait à s'éteindre et que la dotation faisait retour au domaine de la Couronne. L'art. 1er décidait que, dans ce cas, la veuve n'aurait droit à une pension que si elle lui était accordée par un décret spécial. Le chef de l'Etat voulut rester libre de concéder la dotation à un nouveau titulaire ; ce dernier était chargé du service de la pension, quand elle était accordée à la veuve (art. 15).

L'art. 2 fixait la quotité de la pension à un tiers du revenu du majorat si la veuve avait des filles ou des descendants de filles issues de son mariage avec le titulaire défunt ; au quart du revenu si elle n'avait pas de filles : la pension ne pouvait jamais excéder 200.000 fr.

Si, lors du décès du dernier titulaire, le majorat était grevé d'une autre pension de veuve, la nouvelle pension ne pouvait porter que sur le revenu libre ; sauf à être augmentée, s'il y avait lieu, lors de l'extinction de la première pension (art. 3).

Lorsque le majorat éteint se composait de biens du domaine extraordinaire et de biens particuliers, le décret de 1808 restait applicable pour les biens particuliers (art. 4).

Les art. 5, 6 et 7 étaient relatifs à la demande de la pension : la veuve devait la réclamer dans les six mois du décès du titulaire sous peine de perdre les arrérages depuis cette époque.

Telles sont les principales dispositions du décret de 1813.

Sous la Restauration, les majorats furent maintenus, et l'ordonnance des 25 août - 4 sept. 1817 en affecta même de nouveaux à la pairie héréditaire.

Sous la monarchie de Juillet, la loi des 12-13 mai 1835 abolit pour l'avenir tant les majorats de propre mouvement que ceux érigés sur demande, et limita à deux degrés, l'institution non comprise, les transmissions dont ces derniers seraient susceptibles. Les majorats de propre mouvement existants furent respectés, et continuèrent à être régis par les décrets antérieurs, jusqu'à leur extinction. La loi nouvelle ne parlait pas des droits de la veuve; mais il est évident qu'ils devaient survivre au droit des appelés, pendant la vie de la veuve.

Sous la seconde République, MM. de Parieu et Flocon déposèrent chacun un projet de loi destiné à restreindre davantage le délai fixé pour l'extinction des majorats. La loi des 7-11 mai 1849, rendue sur le rapport de M. Valette, le célèbre et regretté jurisconsulte, décida en effet que les majorats ne seraient désormais transmissibles qu'en faveur des appelés déjà nés ou conçus lors de la promulgation de la dite loi, et qu'ils seraient immédiatement libres dans les mains des possesseurs actuels, s'il n'existait point d'appelés à ce moment, ou si ceux qui existeraient alors venaient à décéder avant l'ouverture de leur droit.

Les dispositions de la loi de 1849 n'impliquant pas l'abolition des droits de la veuve, il faut décider qu'elle les a laissés subsister. D'ailleurs, l'art. 7 de la loi soumet le droit des veuves au droit fiscal de transmission d'usufruit.

Au surplus, le rapport de M. Valette nous apprend que l'on ne voulut pas surcharger la loi de trop de détails, et qu'on s'en reposa sur la sagesse des tribunaux, pour résoudre, d'après les principes généraux, les difficultés à intervenir.

Ici finit la législation spéciale des majorats.

Section III. — Des droits des veuves sur les pensions civiles et militaires.

Avant la Révolution de 1789, nos rois avaient déjà manifesté la généreuse idée de venir en aide à leurs vieux serviteurs. Sous le règne de Louis XIV, nous pouvons mentionner la création de l'hôtel des Invalides, destiné aux vieux militaires blessés. En 1776, 1778, 1779, Louis XVI rendit des ordonnances et des lettres-patentes qui avaient pour objet d'accorder des pensions à d'anciens fonctionnaires ou à leurs veuves. Mais les pensionnés de cette époque furent privilégiés, car la législation n'était pas encore établie sur cette matière; de plus, la caisse du Trésor ne secondait pas toujours l'initiative de la générosité royale.

A l'époque du droit intermédiaire, parut une première loi des 3-22 août 1790, pour instituer des pensions de retraites. « Il est juste, disait le législateur, que, dans » l'âge des infirmités, la patrie vienne au secours de » celui qui lui a consacré ses talents et ses forces. » Ainsi s'affirmait le caractère de la loi, destinée à améliorer le sort des fonctionnaires civils ou militaires. Cette loi consacrait le sort de la veuve en ces termes: « En cas de dé-

« faut de patrimoine, la veuve d'un homme mort dans le
« cours d'un service public pourra obtenir une pension
« alimentaire. » (art. 7.)

L'insuffisance des ressources du Trésor fit bientôt imagi-
ner, dans les différentes administrations, les caisses de
retenues ou caisses de retraites, destinées à pourvoir au
paiement des pensions, au moyen d'un prélèvement sur
les traitements.

Les lois postérieures sur les pensions de retraites sont
nombreuses et très-diverses. Pour ces motifs, il nous a
paru nécessaire de diviser cette matière en deux parties.

§ 1. — *Pensions civiles.*

Il faut remarquer qu'il était presque impossible, en
matière de pensions, d'arriver tout d'un coup à une législation uniforme. Aussi devons-nous tout d'abord enre-
gistrer un certain nombre de décrets ou ordonnances,
aujourd'hui abrogés, qui s'appliquaient spécialement à
telle ou telle classe de fonctionnaires; les articles mention-
nés réglaient les droits des veuves.

1° Décret du 4 juillet 1806, sur les employés du mi-
nistère de l'intérieur (art. 12) ;

2° Décret du 10 février 1811, sur les employés de la
cour des comptes (art. 12-13) ;

3° Ordonnance royale des 23-30 sept. 1814, sur les
fonctionnaires de l'ordre judiciaire (art. 12 et 14) ;

4° Ordonnance des 20-31 août 1831, sur les employés
de l'imprimerie royale (art 37 et s.) ;

5° Ordonnance des 12-18 janvier 1825, sur les employés des finances (art. 15-23).

Le législateur avait dès longtemps compris qu'une loi générale et uniforme était devenue indispensable. C'est pour remplir ce but que fut rendue la loi des 9-13 juin 1853, applicable à la généralité des pensions civiles.

Pour que la veuve ait droit à la pension, il faut que son mari l'ait obtenue déjà lui-même, ou qu'il ait eu la durée requise de services (25 ans de services actifs ou 30 ans de services sédentaires.)

Si le mari est mort des suites d'infirmités contractées par l'effet de ses fonctions ou dans les autres circonstances qui dispensent de l'âge et de la durée ordinaire des services, elle a, comme lui, droit à la pension. En outre, il faut que le mariage ait été contracté six ans au moins avant le décès du mari. Rien de plus juste que cette disposition (art. 13). On comprend en effet que la loi n'accorde des droits à la veuve que lorsque la vie commune a duré pendant un certain temps, que lorsque la femme peut vraiment dire qu'elle a été, vis-à-vis de son mari, « periculorum labórumque socia ». Toutefois, l'art. 14 déroge à l'art. 13, dans certains cas de mort accidentelle du mari, et accorde alors la pension à la veuve, lors même que le mariage ne remonte pas à six ans.

En principe, la pension de la veuve est du tiers de celle du mari : elle ne peut pas être inférieure à cent francs, mais ne peut jamais excéder celle du mari. Exceptionnellement, suivant les causes du décès du mari, la quotité de la pension de la veuve peut égaler les deux tiers de la pension que le mari avait ou aurait obtenue (art. 11, 13, 14).

Pour avoir droit à une pension en France, il faut être Français (art. 29). Ainsi l'étrangère, qui était devenue française par son mariage avec un Français, a droit à la pension, à moins qu'elle ne redemande sa première nationalité.

Lorsqu'il existe, au décès du mari, un jugement de séparation de corps prononcé *contre* la femme, sur la demande du mari, la veuve n'a aucun droit à la pension (art. 13) ; mais elle conserverait son droit si elle était séparée sur sa demande.

Le convol de la veuve ne lui fait pas perdre son droit à la pension. Telle est la loi de 1853, dans ses dispositions relatives aux droits des veuves.

Depuis, M. l'amiral de Montaignac et trois de ses collègues ont déposé à l'Assemblée nationale une proposition de loi ayant pour objet la création d'une caisse nationale de prévoyance pour les fonctionnaires civils. La proposition fut renvoyée le 8 novembre 1873 au conseil d'État, qui élabora un projet de loi. C'est ce projet, un peu modifié, que M. Léon Say présenta, au nom du gouvernement, dans la séance du 18 décembre 1877 (1). La nouvelle loi a pour but d'être plus favorable que la loi de 1853, et d'améliorer la situation de la famille du fonctionnaire. L'art. 29, § 2 et § 3, décide que si le fonctionnaire est marié, le montant de la rente viagère sera calculé de façon à assurer à la veuve la réversion de

---

(1) *Officiel*, 4 mars 1878. Annexe 253.

moitié de ladite rente, et la rente sur l'État sera grevée d'un usufruit éventuel au profit de la veuve. Les art. 30 et 31 prévoient le cas où le fonctionnaire meurt en activité de service, après deux ans de fonctions. Le droit de la veuve varie selon qu'il y a ou non des enfants : dans le premier cas, elle a l'usufruit de la rente ; dans le second, elle recueille la totalité de l'émolument qui sera, à son choix, employé en rente sur l'État ou converti en rente viagère.

§ 2. — *Pensions militaires.*

Donnons d'abord par ordre l'état de la législation :

1° Décret du 10 nov. 1807, sur les officiers de port (art 4);

2° Ordonnance du 20 janv. 1815, sur les militaires tués ou blessés au service (art. 4-5);

3° Ordonnance du 25 février-12 mars 1816, sur les professeurs des écoles militaires;

4° Ordonnance du 28 nov. 1821, sur les employés des subsistances militaires (art. 16-17);

5° Ordonnance des 11-14 avril 1831, sur les pensions de l'armée de terre (art. 19-23);

6° Ordonnance du 18 avril-14 mai 1831, sur les pensions de l'armée de mer (art. 19-23);

7° Loi des 26-28 avril 1855, sur la dotation de l'armée et les pensions militaires;

8° Décret du 9 janvier 1856;

9° Loi du 21 juin 1856;

10° Loi du 25 juin 1861 sur les pensions de l'armée de terre;

11° Loi du 26 juin 1861 sur les pensions de l'armée de mer;

12° Loi du 20 août 1861 sur les justifications à produire pour les veuves;

13° Loi du 10 avril 1869 sur les pensions de l'armée de mer;

14° Loi du 20 juin 1878 augmentant les pensions des veuves.

Pour que la veuve d'un militaire ait droit à la pension, il faut que le mariage ait été régulièrement autorisé par les autorités compétentes. Il faut de plus que le militaire soit mort en jouissance de la pension de retraite, ou apte à la recueillir, et que le mariage ait été contracté deux ans avant le moment où le mari a quitté le service. Cependant, lors même que le mariage n'aurait pas été contracté deux ans avant la cessation de service du mari, la veuve a exceptionnellement droit à la pension, quand il est né des enfants du mariage, et, suivant la cause du décès du mari, dans certains cas énumérés dans l'article 19 de l'ordonnance de 1831.

Les causes de déchéance étant les mêmes que pour les pensions civiles, nous n'y reviendrons pas.

Chaque loi spéciale fixe ordinairement la quotité de la pension de la veuve. Les ordonnances de 1831, encore en vigueur, fixaient le maximum de la quotité à 6,000 fr. pour les veuves de maréchaux et le minimum à 100 fr. pour les veuves de simples soldats et ouvriers militaires. La loi du 20 juin 1878 a augmenté dans une certaine mesure la quotité des pensions des veuves, mais sans fixer leur maximum ou leur minimum.

Section IV. — Des droits de l'époux survivant sur les œuvres littéraires ou artistiques.

Avant d'arriver à la loi des 14-19 juillet 1866, qui forme aujourd'hui la législation de la matière, nous devons donner un aperçu rapide de la législation antérieure. Nous nous contenterons de signaler ici la grosse controverse à laquelle a donné lieu l'importante question du droit des auteurs; mais nous pensons qu'il est bien difficile d'établir leur droit à une propriété perpétuelle.

Avant 1789, deux arrêts du Conseil du 30 août 1777 et du 30 juillet 1778 consacraient le droit de propriété perpétuelle pour l'auteur et ses héritiers, lorsqu'il avait obtenu le privilège du roi.

Les lois des 13-19 janvier 1791, sur les spectacles, des 19-24 juillet 1793, concernant toutes les œuvres littéraires et artistiques, et le décret du 22 mars 1805, décidèrent que le droit des auteurs durerait pendant leur vie entière, mais limitèrent à un délai assez court l'exercice des droits des héritiers et cessionnaires des auteurs décédés.

Le décret du 5 février 1810 reconnut le droit de l'auteur pendant sa vie, et accorda le même droit à sa veuve, sous cette condition équivoque : « si les conventions matrimoniales de celle-ci lui en donnent le droit. »

Les nombreux projets de loi qui furent élaborés sur cette matière en 1825, 1836, 1839 et 1841 aboutirent à la loi du 3 août 1844, suivie de la loi des 8-19 avril 1854.

Enfin, en 1866, fut rendue une loi, encore en vigueur, « sur les droits des héritiers et ayant-cause des auteurs. » Nous allons en étudier les principales dispositions, en tant qu'elles se réfèrent aux droits du conjoint survivant.

Le droit du survivant et des autres héritiers est porté invariablement à 50 ans, à partir du décès de l'auteur (art. 1, § 1). Le veuf de la femme de lettres est, aussi bien que la veuve d'un homme de lettres, compris dans les faveurs de la loi.

La loi ne subordonne plus le   it du survivant à l'adoption du régime de communauté : ce droit est désormais indépendant des conventions matrimoniales. Toutefois il est évident que le régime de communauté est susceptible de donner à l'époux survivant un droit plus considérable; au lieu du simple droit de jouissance que la loi lui accorde, il trouvera, dans sa part des biens de communauté, un droit de pleine disposition.

L'art. 1, § 2, de la loi confère au survivant un droit de *jouissance*, si l'auteur *de cujus* n'a pas disposé de son droit sur ses œuvres par une disposition entre-vifs ou testamentaire; ce droit de jouissance est un droit d'usufruit : le rapport de M. Perras est formel en ce sens (1). L'art. 1, § 3, dispose que, si l'auteur laisse des héritiers à réserve, la jouissance du survivant sera réduite, au profit de ceux-ci, conformément aux articles 913 et 915 du Code civil. Sur cette disposition une première remarque s'impose. On peut reprocher au législateur de n'avoir

(1) *Moniteur* du 25 mai 1866.

pas renvoyé à l'art. 1094, puisqu'il s'agissait d'avantages
entre époux. En outre, M. Boissonade remarque que (1)
« c'est la première fois que l'on voit un avantage *légal*
» réductible à la portion disponible, comme le sont les
» dispositions de l'homme. »

L'époux survivant perd son droit de jouissance par son
convol; ce droit lui est encore enlevé si, au moment du
décès, il existe un jugement de séparation de corps prononcé contre lui (art. 4, § 4).

Section V. — Du droit de succession spéciale accordé à la veuve d'un déporté.

« On doit récompenser la femme qui est allée rejoindre
» son mari dans le lieu d'expiation, s'est exilée avec lui,
» rompant tous ses liens de parenté et ses autres attaches
» naturelles, qui l'a encouragé dans ses fatigues et dans
» ses misères en les partageant, l'a préservé des mauvai-
» ses pensées, a été enfin auprès de lui la condition de
» l'espérance et du retour vers le bien (2). »

Telle est, admirablement exprimée par M. Jules Favre,
la généreuse pensée qui a porté le législateur à accorder
certains droits aux veuves des déportés. La loi des
25-28 mars 1873, qui s'applique aux veufs comme aux
veuves (art. 14), a eu pour but d'encourager le conjoint
du déporté à le suivre en exil; on a pensé avec raison que
la vie commune ne pourrait qu'exercer une heureuse
influence sur les condamnés.

(1) Page 355.
(2) *Officiel* du 20 mars 1873 et jours suivants.

Les art. 9 et 11 de la loi ont eu pour objet de permettre aux déportés l'obtention de concession de terres, pro-
visoires pendant cinq ans, et définitives après ce délai,
sauf les causes de retrait prévues par la loi.

L'art. 11, § 3 permet à la veuve et aux enfants de con-
tinuer la possession des terres concédées, en cas de prédécès du titulaire de la concession avant les cinq ans, et
même de devenir propriétaires à l'expiration de ce délai.

L'art. 13 règle des droits plus importants et constitue,
nous allons le voir, une grave dérogation au droit commun, en même temps qu'il relève le déporté d'une
partie des incapacités édictées par l'art. 3 de la loi du
31 mai 1854 : « si le concessionnaire vient à mourir après
» que la concession a été rendue définitive, les biens qui
» en font partie sont attribués aux héritiers, d'après les
» règles du droit commun. Néanmoins, dans le cas où il
» n'existerait pas d'enfants légitimes ou autres descen-
» dants, la veuve, si elle habitait avec son mari, succé-
» dera à *la moitié en propriété*, tant de la concession que
» des autres biens que le déporté aurait acquis dans la
» colonie. En cas d'existence d'enfants légitimes ou au-
» tres descendants, le droit de la femme ne sera que d'un
» tiers en usufruit.

» Les condamnés pourront, dans la limite des articles
» 1094 et 1098 du code civil, disposer de leurs biens
» *dans quelque lieu qu'ils soient situés*, soit par acte entre
» vifs, soit par testament, en faveur de leurs conjoints
» habitant avec eux. »

Il suffit de lire ce texte pour le bien comprendre et en
mesurer la portée. En présence de ce droit exceptionnel

accordé au conjoint survivant, et quand on connaît déjà
les dispositions favorables de la loi du 14 juillet 1866,
comment ne pas reconnaître les tendances du législateur
moderne ? Toutes ces lois spéciales sapent dans sa base
l'art. 767 et fournissent la preuve que l'influence des
justes critiques, dont la loi de succession *ab intestat* a
été l'objet, s'est fait profondément sentir.

PREMIER APPENDICE

APERÇU SOMMAIRE SUR LES LÉGISLATIONS
ÉTRANGÈRES

« La disposition du code civil, d'après laquelle la
» veuve ne succède à son mari que lorsqu'il n'y a pas
» de parents au douzième degré, est celle contre laquelle
» on s'est le plus vivement prononcé à l'étranger, et
» cela parce que le Code ne lui accorde aucun droit sur
» la fortune de son époux, pas même celui à des ali-
» ments. Aussi les codes étrangers, postérieurs au code
» civil, se sont-ils empressés de réparer les rigueurs de
» cette disposition qui, après la dissolution du mariage,
» met la femme hors de la famille du mari (1). »

On comprend très bien que nous ne donnions ici qu'un
aperçu sommaire des dispositions des codes étrangers
sur notre matière, cette étude étant en dehors du cadre

(1) A. de Saint-Joseph, *Concordance*, p. 23.

de notre travail. Il nous suffira d'indiquer le droit des principales nations ; mais nous pouvons déjà constater que presque toutes les législations étrangères sont plus libérales que la loi française en faveur du conjoint survivant.

§ I. — Le code civil du royaume d'Italie (1) accorde à l'époux survivant l'usufruit d'une part d'enfant, en face d'enfants légitimes, sans que cette part puisse jamais excéder le quart ; en face d'ascendants ou d'enfants naturels, l'époux a droit à un tiers en pleine propriété ; il n'a droit qu'au quart, s'il y a tout à la fois des ascendants et des enfants naturels. Il a droit aux deux tiers, en présence de collatéraux au sixième degré : s'il n'y a que des successibles plus éloignés, il est appelé à la totalité.

De plus, la loi reconnaît au survivant, à titre de réserve, une part d'enfant légitime en usufruit.

Il est vrai que la loi tempère l'importance de ces droits par l'obligation dont est tenu l'époux survivant d'imputer sur ses droits héréditaires tout ce qu'il a reçu du défunt.

§ 2. — L'Espagne n'a pas de Code civil uniforme, mais les lois qui la régissent accordent toujours au survivant pauvre une pension alimentaire du quart des revenus. Une loi du 16 mai 1835 a porté le droit du survivant à l'usufruit des biens patrimoniaux et à la propriété des autres biens, quand il n'y a pas d'héritiers au premier degré.

(1) Art. 753-758 du Code civil italien.

En Portugal (Code de 1868), le survivant est exclu par les descendants, ascendants et collatéraux privilégiés; mais il prime les autres collatéraux.

§ 3. — Le droit commun allemand reconnaît à la veuve le droit de légitime que nous avons mentionné pour l'Italie et est très favorable au conjoint survivant.

En Prusse (Code de 1794), la quotité du droit du survivant varie selon la qualité des héritiers avec lesquels il concourt. Mais, outre ce droit, la femme a une sorte de *Morgengabe*, ou une sorte de douaire en usufruit.

§ 4. — En Autriche, le survivant a l'usufruit d'une part d'enfant, au maximum d'un quart, s'il y a des enfants; dans le cas contraire, il a un quart en toute propriété. En outre, la femme a un douaire tant qu'elle ne se remarie pas.

§ 5. — En Russie, la veuve reçoit *ab intestat* un septième des immeubles du mari et un quart des meubles, qu'il y ait ou non des enfants; cette portion est une réserve sur les biens patrimoniaux.

§ 6. — En Angleterre, la femme survivante a un douaire sur les biens du mari. Ce douaire consiste dans l'usufruit du tiers des immeubles et dans la propriété du tiers des meubles, s'il y a des enfants, ou de la moitié des meubles, s'il n'y a pas d'enfants.

Si la femme renonce à son douaire, une pension fixe lui est toujours assurée.

§ 7. — Nous ne pouvons donner en détail les dispositions des différentes législations qui régissent les cantons suisses. Remarquons seulement que le législateur se montre généralement favorable au conjoint survivant et reconnaît presque partout des gains de survie à la veuve. La loi du canton de Genève est la seule qui reproduise la disposition de notre Code civil sur cette matière.

On sait que la Belgique, qui est encore une voisine de la France, a adopté le Code civil français : le législateur belge n'a pas encore modifié l'art. 767.

SECOND APPENDICE.

Section I. — Critique de l'art. 767.

L'accueil favorable qu'a reçu dans toute la France le projet de réforme nous est le meilleur garant de son opportunité. Il sera toujours infiniment honorable à M. Delsol, comme l'a très-bien reconnu M. Huc pour M. Bourzat, « d'avoir songé, au milieu des agitations po-
« litiques, qu'il était temps enfin d'accorder une tardive
« garantie aux droits méconnus de l'époux survivant (1). »

Ce qui étonne tout d'abord, c'est que la Cour suprême se soit appuyée, pour repousser le projet, sur son inopportunité. Écoutons cependant les raisons que donne le rapporteur, M. le conseiller Beaudoin (2). Après avoir dit que la réforme proposée par M. Delsol ne lui paraît pas être la plus importante de toutes celles que le senti-

(1) Le Code civil italien et le Code Napoléon, t. 1, p. 195.
(2) *Officiel* du 13 mars 1870.

11

ment public réclame, et que l'on ne doit modifier la législation civile qu'avec une extrême circonspection, il ajoute :

« Si l'instabilité sévit ailleurs, il est plus que jamais
» utile que la stabilité de la législation civile soit res-
» pectée. En tout cas, s'il peut devenir un jour néces-
» saire d'y introduire des innovations réclamées par les
» besoins sociaux, il serait préférable que l'on procédât
» par voie de révision générale après des études appro-
» fondies, plutôt que par des intercalations partielles et
» dans des temps troublés. »

Nous ne pouvons que nous associer à ce vœu de révision générale du Code civil.

Nous repousserons au contraire les raisons d'inopportunité, consignées dans le rapport de M. le conseiller Beaudoin. Nous pensons que la réforme proposée a une importance capitale et que, mieux que toute autre, elle mérite d'être vue avec faveur par le législateur. L'art. 767 est issu d'une erreur; du jour où il a paru dans le Code, il a été critiqué, et ceux même qui l'ont rédigé ont été les premiers, comme Maleville (1), à demander sa disparition. Ce n'est donc pas une innovation que l'on réclame, c'est une restauration : il est plus que temps pour le législateur de faire acte de réparation.

Est-il à craindre qu'on ne bouleverse l'ordre successoral? Non, le texte voté par le Sénat ne détruit pas l'heureuse harmonie du Code, pas plus que la sagesse de ses dispositions. D'ailleurs, est-ce la première fois que

(1) Analyse rais. du C. c., II, p. 254.

l'on touche au Code civil? Qui ne sait que les lois postérieures au Code forment déjà un gros volume? Le Code
est fait de main d'homme : il est né perfectible comme
l'homme lui-même.

Nous prouverons encore mieux l'opportunité du projet
de réforme, en exposant ici la critique de l'art. 767.

On a tenté de justifier cet article, et, avant d'examiner
le projet de réforme en lui-même, nous devons d'abord
réfuter les raisons fournies par nos adversaires.

Les époux, a-t-on dit, ne doivent s'en prendre qu'à eux-
mêmes de n'avoir point adopté la communauté, régime
favori du Code, qui accorde à l'époux survivant une récompense convenable. D'ailleurs, la loi laisse à l'époux
mille facilités pour assurer le sort du survivant; et le
plus souvent, il arrivera en effet que l'époux riche aura
disposé, soit par contrat de mariage, soit pendant le mariage, soit encore par testament, en faveur de son conjoint.

Cet essai de justification est loin d'être concluant. Si la
communauté est le régime favori du Code, est-ce à dire
que les trois autres régimes reconnus par la loi ne méritent aucune faveur? Est-il besoin de répéter, après tous
les savants auteurs qui ont écrit sur la matière, que le
régime de communauté est loin d'être généralement
adopté? La pratique prouve au contraire que, dans telle
ou telle partie de la France, c'est le régime exclusif de
communauté, c'est le régime de la séparation de biens, et
surtout le régime dotal qui domine. Et il importe de remarquer que, ces régimes n'étant pas favorables au conjoint survivant, ce sera précisément l'un d'eux que l'on

adoptera le plus souvent dans le cas de disporportion entre les fortunes des deux époux.

D'ailleurs, l'adoption du régime de communauté, avec toutes ses variétés, ne préviendrait les inconvénients de l'art. 767 qu'au cas où l'association conjugale aurait été fructueuse : il peut très bien arriver qu'elle ait été mauvaise, et alors le conjoint survivant sera toujours victime du système de la loi.

N'était-ce pas dans les pays de communauté que le législateur ancien avait institué le douaire, pour assurer le sort de la veuve, quand la communauté était mauvaise ?

Mais on ajoute que les époux ont la possibilité de s'avantager par donation entre vifs ou par contrat de mariage. Sans doute, mais ce ne sont là que des correctifs médiocres de l'art. 767. Puisqu'on les admet, pourquoi ne pas reconnaître alors que la loi n'a pas assez fait pour le survivant, et qu'elle doit lui assurer une part dans la succession du prémourant ? La loi a également permis aux parents de donner à leurs enfants entre vifs ou par testament, et cependant elle a pourvu au cas où ils ne l'auraient pas fait : faut-il dès lors supprimer le droit héréditaire des enfants, parce que le père et la mère ne manqueront pas de les appeler par donation ou par testament ?

Au surplus, on ne stipule pas des gains de survie dans tous les contrats de mariage ; qui ne voit qu'il répugnera souvent aux familles des deux époux qui vont s'unir, de prévoir, pour ainsi dire, le décès de ces jeunes gens ? En outre, toutes les stipulations insérées dans le contrat de mariage sont irrévocables : on ne peut plus toucher au contrat, qui est la charte du foyer domestique, comme l'appelle Troplong.

Quant à la faculté pour le prémourant d'assurer, par une disposition testamentaire, le sort du survivant, elle est bien aléatoire. Il peut arriver en effet que le testament de l'époux mort soit nul, que l'époux ait été surpris par la mort avant d'avoir testé ; et la veuve restera sans ressources. Alors les convenances publiques n'auront pas été respectées, et les règles de l'équité seront violées. La Bruyère, que cite avec tant d'à-propos M. Boissonade, était bien de notre avis lorsqu'il disait (1) : « Géronte meurt de caducité et sans avoir fait ce testa- » ment qu'il projetait depuis longtemps. Dix têtes vien- » nent ab intestat partager sa succession. Il ne vivait que » par les soins d'Astérie, sa femme, jeune encore. Il ne » lui laisse pas assez de biens pour pouvoir se passer, » pour vivre, d'un autre vieillard ! »

On ne s'attendait peut-être pas à rencontrer le fin moraliste dans cette discussion.

Il faut donc dire que le législateur a pour devoir d'être assez sage et assez prévoyant pour l'époux qui n'a pu assurer le sort de son conjoint ; il doit faire par avance l'office du testateur, et appeler le conjoint ab intestat au rang qu'il mérite : la loi successorale est le testament de ceux qui n'en ont pas fait.

Au surplus, M. Delsol a fait, dans son rapport, bonne justice de ces premières objections : « N'est-il pas plus

(1) *Les Caractères*, ch. xi.

» convenable que la loi elle-même assure le sort du con-
» joint survivant, et est-il à désirer que, pour obvier aux
» lacunes de notre législation, les époux soient toujours
» obligés de prévoir leur décès respectif, dans le contrat
» même qui préside à leur union et sur lequel se fonde
» une famille nouvelle ?... Si l'expérience des rapports
» conjugaux montre que les dispositions de la loi sont
» sages, les époux n'auront qu'à les respecter, et la libé-
» ralité subsistera. Si elle montre, au contraire, que la
» libéralité serait contraire à leur véritable sentiment,
» ils auront le droit de la faire disparaître. Grand avan-
» tage sur les stipulations du contrat de mariage qui,
» faites à une époque où les époux ne se connaissent pas
» encore, lient cependant d'une manière irrévocable leur
» avenir (1) ! »

Mais nos adversaires ont fait valoir de nouvelles considérations à l'appui du système de la loi, et ils nous fournissent ainsi le moyen de pousser plus loin notre critique de l'art. 767.

La loi a réglé l'ordre des successeurs sur le rang des
préférences présumées du *de cujus*. En partant de ce
principe, on a dit qu'il n'était exact que dans le cercle
de la famille légitime, à laquelle le législateur relie la
famille naturelle, comme une annexe honteuse.

La communauté d'origine, le lien du sang est le principe fondamental du droit successoral. L'époux n'est
qu'un étranger, vis-à-vis de la famille de l'autre époux,
et la loi l'a considéré comme tel, avec d'autant plus de

(1) *Officiel* du 4 mars 1877.

raison que l'affection des époux est le plus souvent mobile et incertaine au gré des passions. D'ailleurs, pourquoi le lien du sang est-il la base de notre système successoral ? Parce que, dans un intérêt politique et social, le législateur veut conserver les biens dans les familles. Or l'époux constitue la famille sans en faire partie, à proprement parler; la loi a donc bien fait de n'appeler l'époux qu'en dernier lieu, pour ne pas faire passer les biens de la famille du *de cujus* dans celle du survivant.

Voyons donc si l'art. 767 a fait une application fidèle du principe fondamental de nos lois successorales. S'il est vrai que le système successoral est fondé sur l'affection présumée du défunt, il faut reconnaître que le législateur a abandonné ce principe dans le cas même où il était le plus certainement applicable. Qu'est-ce en effet que le mariage? Que sont-ils vis-à-vis l'un de l'autre, ces deux époux qui ont été unis à jamais? N'y a-t-il donc qu'un lien de cohabitation entre le mari et la femme?
« Le lien qui les unit n'est-il pas aussi étroit, aussi légal
» et aussi naturel que le lien du sang? N'est-il pas lui-
» même un autre lien du sang, le premier lien naturel,
» le lien type de la famille, celui dont les autres ne sont
» que la dérivation? Le mariage étant la source de toute
» parenté et de toute consanguinité, comment ne serait-il
» pas lui-même la première parenté, la première consan-
» guinité? La souche peut-elle avoir une autre nature
» que la branche, le rameau et le fruit ? (1) »
Quand Dieu voulut marier le premier homme, il tira la

_____

(1) Boissonade, *op. cit.*, p. 533.

femme d'une partie de son être, et il voulut qu'elle fût « les os de ses os et la chair de sa chair (1); » il la lui donna pour compagne, « *socia et adjutorium* », comme disent les Livres saints. La loi de Manou l'a dit après la Genèse : « Le mari ne fait qu'une même personne avec l'épouse (2). »

Comment ne pas présumer l'affection la plus vive entre deux époux ? Dira-t-on que le *de cujus* est censé préférer à son conjoint des enfants naturels, des collatéraux au douzième degré, qui sont pourtant les successeurs que la loi préfère au conjoint survivant ?

Il faut donc avouer que le législateur a été inconséquent avec lui-même, et qu'il a méconnu les conséquences naturelles de l'affection présumée entre mari et femme. Lors même que cette affection serait mobile et incertaine, ce qui peut arriver quand les époux ne sont pas heureux, quand la chaîne du mariage n'a pas été bien soudée, la présomption ne serait pas détruite, tant que persisterait le mariage. En tous cas, la loi doit présumer entre les époux plutôt l'affection que la haine, tout en leur laissant la faculté de se déshériter. Quant au danger de faire passer les biens du *de cujus* dans une famille étrangère, il était facile d'y échapper (le texte adopté par le Sénat le prouve bien), en ne conférant au survivant qu'un droit d'usufruit.

L'objection laisse donc subsister la critique. Ajoutons que l'art. 767 mérite d'autant plus toutes nos sévérités que

---

(2) Genèse, II, 23, 24.
(3) Liv. IX, *sloca* 45.

le survivant n'a aucune action alimentaire contre la succession du conjoint prédécédé. Ainsi donc, il se peut que le survivant passe d'une position brillante à une cruelle détresse, et la loi ne lui donne pas même le droit de réclamer de quoi subsister. N'est-ce pas faire injure à la mémoire du prédécédé ?

» La mort a brisé le lien et imposé la séparation. Mais
» quoi ! Est-ce qu'il n'est rien resté des obligations anté-
» rieures ?....

» Quel est ce conjoint que vous appelez la veuve et
» qui pleure, si elle n'est pas encore la personnification
» de cette union brisée, s'il ne reste rien du mariage,
» si tout a disparu en même temps que celui qu'elle
» aimait?

» Ce n'est pas là seulement une question de succes-
» sion, une question d'hérédité; mais c'est la famille
» qu'il faut honorer dans son principe. C'est le mariage
» qu'il faut élever bien haut : il faut que tous — et
» ceux-là surtout qui sont spiritualistes — sachent et
» comprennent que la mort ne fait pas tout disparaître,
» il faut que les enfants dont le père est mort voient dans
» leur mère le représentant isolé de cette famille dans
» laquelle ils ont vécu, qui leur a donné l'existence,
» l'entretien, l'éducation. Il faut qu'ils la respectent
» non-seulement comme mère, mais comme veuve, parce
» qu'elle est bien la personnification de cette union sainte,
» qui doit être glorifiée par la loi, qui doit avoir un sym-
» bole et qui se manifeste par un droit successoral que la
» loi saura créer à défaut de testament (1). »

(1) *Officiel* du 7 mars 1877.

Tel est le noble et digne langage tenu à la tribune par le regretté M. Bourbeau. Il faut donc dire avec lui que le législateur a privé d'une légitime et suprême sanction les devoirs réciproques qui naissent d'une existence commune et indivisible; il faut au moins reconnaître que la mort ne délie pas le prémourant du devoir de *secours* qu'après lui ses héritiers et sa succession peuvent remplir.

« Étrange système que celui de la loi! s'écrie M. Bois-
» sonade (1). Les époux se doivent, pendant la vie,
» secours et assistance, et c'est au moment où le secours
» est devenu indispensable qu'il est refusé! »

La loi qui refuse à l'époux une créance alimentaire l'accorde, même après la mort de leurs auteurs, aux enfants naturels, adultérins ou incestueux. Sans doute, s'il y a des enfants du mariage, l'époux survivant ne sera pas dénué de tout secours légal, puisque ses enfants lui devront des aliments, s'il est dans le besoin. Mais il peut n'y avoir pas d'enfants; ceux-ci d'ailleurs peuvent être insolvables ou le devenir. Et puis, est-il bien convenable qu'un père, qu'une mère, soit à la merci de ses enfants pour sa subsistance?

Le système de la loi est donc vicieux; une réforme est indispensable : nous croyons l'avoir suffisamment démontré.

(1) P. 340.

Section II. — Du projet de réforme.

Nous avons maintenant à examiner les améliorations proposées par M. Boissonade, dans son mémoire, et par M. Delsol, ainsi que les différentes solutions admises par les facultés de droit et les Cours d'appel qui ont été appelées à donner leur avis sur le projet de réforme. Nous aurons occasion de les mettre souvent en parallèle, et ce n'est qu'après l'examen de ces diverses opinions que nous pourrons nous prononcer sur le texte de loi adopté par le Sénat (A).

Remarquons tout d'abord que les neuf facultés de droit, qui ont émis un avis, se sont toutes montrées favorables au projet. Ce sont celles d'Aix, de Dijon, de Douai, de Grenoble, de Nancy, de Paris, de Poitiers, de de Rennes et de Toulouse.

Sur vingt-six Cours d'appel, huit ont été d'avis qu'il y avait lieu de repousser en entier la proposition Delsol. Ce sont, avec la Cour de cassation, les cours d'Aix, de Bordeaux, de Bourges, de Limoges, de Montpellier, de Paris, de Poitiers et de Rennes. Les autres ont été favorables au projet, mais toutes n'ont pas proposé les mêmes améliorations.

Quoique le projet de réforme soit relatif aux droits du

(a) Voir la judicieuse étude de M. Duvergey, insérée dans la *Rev. crit.*, XIe année, t. I, p.516. Et aussi, l'art. de M. A. Bonnet; XIIIe année, t. 3, p. 193.

conjoint survivant, nous ne devons nous occuper ici que
des droits de la veuve. Toutefois, nous ne pensons pas que
la loi nouvelle doive établir des différences entre la veuve
et le mari survivant. Les précédents législatifs sont conformes à cette idée : nous savons en effet que la Nov. 117,
qui limitait aux veuves le bénéfice de la quarte, ne fut
jamais appliquée dans la législation des pays de droit
écrit. Si la veuve est ordinairement plus à plaindre,
si l'homme veuf peut se créer plus facilement des ressources, il arrivera souvent que, à la mort de sa femme,
le mari sera vieux et infirme. « Et, pour prendre la ques-
» tion de plus haut, les devoirs qu'impose le mariage
» ne sont-ils pas égaux? Ceux même du mari ne sont-ils
» pas plus difficiles et plus lourds? Dès qu'il s'agit
» autant de justice que de dignité, nous ne compren-
» drions pas qu'on fit une distinction entre le veuf et la
» veuve (1). »

§ I. — *La part héréditaire du survivant devrait-elle consister*
en pleine propriété, ou seulement en usufruit?

C'est ici, dit M. Boissonade, que nous rencontrons les
plus sérieuses raisons de douter, et ce n'est qu'après
mûres réflexions que nous avons pris un parti. Cet auteur
est d'avis de n'accorder au survivant qu'une part en usufruit.

Le premier projet Delsol accordait, dans certains cas,
une part en pleine propriété au survivant, mais dans le

(1) Boisson., p. 544.

second projet, celui qui a été présenté au Sénat, le survivant n'a plus qu'une part d'usufruit.

La grande majorité des cours et des facultés a opiné pour l'usufruit. La cour d'Alger, seule, s'est prononcée pour l'attribution d'une part en pleine propriété.

Les auteurs sont divisés sur cette grave question : elle est en effet importante. Le Sénat a cru être assez prévoyant pour l'époux, en ne lui accordant qu'une part d'usufruit.

Il faut que la loi nouvelle établisse une juste conciliation entre les droits que les parents tiennent de leur naissance, et ceux qu'a fait naître en faveur du conjoint survivant une longue communauté de sentiments et d'intérêts avec le défunt. Mais où est la limite de ces deux droits opposés ? Serait-il, par exemple, téméraire de penser que la loi pourrait accorder au survivant une part en pleine propriété quand le *de cujus* ne laisse que des collatéraux éloignés ?

Quoi qu'il en soit, voyons les raisons que l'on a invoquées pour n'accorder au survivant qu'une part en usufruit.

Tout en reconnaissant que le mariage crée une véritable parenté, il faut admettre des différences profondes entre le lien de parenté et le lien conjugal. Ainsi la séparation de corps affaiblit et relâche le lien conjugal, tandis que la parenté est indestructible et ne se modifie pas. La parenté diffère encore du mariage, a-t-on dit, dans sa nature extensive, transmissible, et en quelque sorte perpétuelle. Le mariage, au contraire, est un lien personnel, intransmissible et viager. La conséquence, quant aux droits pécuniaires, sera facile à déduire : *Les parents du de cujus, ses héritiers, devront avoir la pleine propriété des biens ; le droit de l'époux survivant sera au contraire viager comme le lien même qui l'attachait au défunt.*

Quoi de plus raisonnable ? Le conjoint prédécédé assure ainsi le sort du survivant, et cependant les droits de la famille du *de cujus* ne sont pas sacrifiés, puisque les biens, un instant retenus par le survivant, lui retournent intégralement. Si, au contraire, vous accordez au survivant une part en pleine propriété, il en disposera au profit de sa propre famille et la lui transmettra : alors la famille du *de cujus* sera sacrifiée.

C'est ce qu'il faut éviter ; car la famille du survivant est étrangère à l'époux mort et n'a par conséquent aucun droit à sa succession. Les collatéraux ont un auteur commun avec le *de cujus* ; sans doute, ce dernier a pu ne pas les appeler dans son testament et leur préférer d'autres personnes ; mais le législateur n'a pu méconnaître le droit naturel de la famille à recueillir un jour, fût-ce après plusieurs générations, les biens qu'avait amassés les ancêtres pour leur postérité, par le travail et par l'épargne.

Veut-on un exemple pour faire ressortir la logique de ce raisonnement ? Supposons un mariage contracté dans des conditions normales : les deux époux ont ensemble atteint la vieillesse et ils n'ont pas eu d'enfants : l'un d'eux prédécède, mais le survivant ne tardera pas à le suivre dans la tombe. Ne serait-il pas injuste que le survivant pût transmettre à sa propre famille des biens auxquels elle n'a aucun titre, et dont l'acquisition ne dépendrait pour elle que du hasard de l'ordre des décès ? Et si, dans ce

cas, nous supposons les collatéraux du prédécédé plus
pauvres que les collatéraux du survivant, et à un degré
de parenté plus rapproché, il nous paraîtra bien plus équitable de n'accorder au survivant qu'une part convenable
en usufruit.

Sans doute, le mariage est la source de toute parenté :
dans l'ordre de nos affections, nous préférons l'époux que
nous avons choisi à tous nos proches, à ceux même qui
nous ont donné la vie, car Dieu a dit que l'homme devait
quitter son père et sa mère pour s'attacher à son épouse.
Nous le mettons en quelque sorte au-dessus de nos enfants,
parce que c'est de notre conjoint que Dieu, suivant la belle
expression d'un poëte :

« Nous permet de tirer les âmes de nos fils »

C'est pour cela que nous voulons que le législateur assure
le sort du conjoint survivant ; mais nous ne voulons pas
qu'il dépouille la famille du prédécédé au profit des parents du survivant que le défunt ne connaissait pas, et
auxquels aucun lien, ni moral ni civil, ne le rattachait.
Remarquons-le bien, en effet, quand la mort aura réuni
les deux époux, il ne restera plus rien du mariage ; partant, il ne doit non plus rien subsister des avantages conférés par la loi au survivant des deux époux. C'est donc
une part d'usufruit que la loi nouvelle devait accorder au
survivant, en présence de parents successibles de l'époux
prédécédé.

Une objection, qui ne manque pas de force, est tirée
de l'augmentation des usufruits toujours nuisibles au
point de vue économique. En outre, a-t-on dit, les usu-

fruits laissent la porte ouverte aux difficultés qui surgiront dans la liquidation des droits respectifs de chacun.

Ces inconvénients avaient été prévus généralement et les facultés de Paris, Nancy, Rennes et Poitiers avaient émis l'avis qu'il y avait lieu de compléter le projet Delsol en s'inspirant de la disposition suivante du Code Italien :

« Il est loisible aux héritiers d'acquitter les droits de l'époux survivant, ou moyennant la constitution d'une rente viagère, ou moyennant l'assignation des fruits de biens immeubles ou de capitaux héréditaires à déterminer d'un commun accord et par l'autorité judiciaire eu égard aux circonstances du cas. Jusqu'à ce qu'il soit désintéressé de sa portion, l'époux survivant conserve ses droits d'usufruit sur tous les biens héréditaires. (1) »

M. Delsol n'a eu garde de négliger cette opinion conciliante dans le projet qu'il a présenté au Sénat ; aussi le texte du § 8, qui a été adopté, est-il conforme à cette idée. Nous avons vu en effet que le Sénat a admis la conversion de l'usufruit du survivant en rente viagère, à la charge par les héritiers de fournir des sûretés suffisantes.

§ 2. — Le droit du survivant devrait-il consister en une pension alimentaire ?

Par tout ce que nous avons déjà dit sur cette question et par la solution que nous avons admise dans le para-

(1) Art. 819 du *Code civil italien.*

graphe précédent, nous avons suffisamment fait connaître
que le droit du survivant doit être plus qu'une pension
alimentaire.

Cependant la Cour de Douai, la Faculté de Dijon et la
minorité de la Faculté de Poitiers se sont décidées pour
n'accorder au survivant qu'un simple droit alimentaire.

Nous pensons que la réforme serait incomplète, et que
la lacune législative, qu'il s'agit de combler, subsisterait,
si l'on n'appelait pas le survivant à une véritable part
héréditaire. Ce serait méconnaître la nature du lien conjugal et la dignité du mariage que de subordonner le
droit de survie aux besoins du survivant. Le droit de
tout héritier est fixe, général, absolu; celui de l'époux
ne saurait être variable, personnel et relatif, comme une
pension alimentaire. Ainsi qu'on l'a remarqué, il faut que
l'époux soit honoré pour lui-même, et non assisté comme
indigent.

M. Rodière le disait avec raison : « La loi doit faire
» leur part aux sentiments de délicatesse, et ne pas faire
» acheter au conjoint survivant un secours au prix d'une
» humiliation (1). »

Nous n'ajouterons qu'une simple réflexion. Si on n'accordait qu'un droit alimentaire au survivant, ce serait
l'assimiler aux enfants adultérins ou incestueux et le
mettre au-dessous des enfants naturels, qui, eux, sont
héritiers et, de plus, réservataires.

(1) *Recueil de l'Acad. de législ.*, t. v, p. 142, note.

§ 3. — *Quelle doit être la quotité de l'usufruit?*

Le législateur doit-il adopter une quotité fixe et invariable? C'est ce qu'avaient pensé les Facultés d'Aix, de Douai et de Toulouse, ainsi que la Cour de Rouen : il est certain, en effet, que l'adoption d'un chiffre invariable permet d'assurer au survivant des moyens suffisants d'existence, mais cette solution nous paraît méconnaître singulièrement le principe de l'affection présumée du défunt, dont il est impossible de ne pas tenir compte. Nous admettrons donc une quotité d'usufruit variable suivant la qualité des héritiers avec lesquels le survivant se trouvera en concours. C'est le système de la loi qui, dans l'art. 1094, fait varier la quotité disponible entre époux, suivant que le survivant se trouve en présence de tels ou tels héritiers; c'est aussi le système adopté, du moins en principe, par le Sénat, dans la loi nouvelle.

I. — *Le survivant est en présence d'enfants communs.*

Dans cette hypothèse, M. Boissonade donne au survivant l'usufruit de la portion disponible, variant suivant le nombre des enfants, ainsi que la loi l'a réglée (a). L'art. 4 de son projet de loi dispose en effet (1) : « Si le » défunt laisse des héritiers à réserve, le conjoint a l'usu- » fruit de la portion disponible; à défaut d'héritiers à ré- » serve, le conjoint a l'usufruit de tous les biens. »

(a) Dans le chapitre second, nous admettrons, au contraire, que le disponible entre époux est invariable, quand il y a des enfants.
(1) P. 574-575.

Le premier projet Delsol accordait au survivant l'usufruit d'une part d'enfant légitime, sans que cette part
pût être inférieure au quart des biens. On a objecté que
cette diminution de l'usufruit, en raison du nombre des
enfants, serait susceptible de créer pour chaque époux
un intérêt contraire au développement de la famille.
Aussi le Sénat a-t-il préféré adopter, dans l'espèce, une
quotité invariable et fixer le droit du conjoint à l'usufruit
du quart des biens (§ 2). Telle était la solution admise
par la faculté de Toulouse.

II. — *Le survivant est en présence d'enfants nés d'un
précédent mariage.*

MM. Boissonade et Delsol, et la grande majorité des
cours et des facultés avaient réduit, dans ce cas, l'usufruit du survivant à une part d'enfant le moins prenant,
au maximum d'un quart. Cette solution rationnelle, qui
concorde d'ailleurs avec l'art. 1098, a été adoptée par le
Sénat (§ 4).

III. — *Le survivant est en présence de successibles autres
que des enfants légitimes.*

Les autres hypothèses dans lesquelles le survivant peut
se trouver en concours avec tels ou tels successibles du
défunt n'ont pas été prévues individuellement dans le
texte de loi voté par le Sénat qui décide d'une manière
générale dans le § 3 : « Si le défunt laisse des parents autres
« que des enfants légitimes, le conjoint a, quels que
» soient leur nombre et leur qualité, l'usufruit de la
» moitié des biens. »

Ainsi donc, la loi nouvelle distingue seulement deux
catégories d'héritiers pour la fixation de la quotité d'usu-

fruit. A défaut d'enfants légitimes, la quotité est invariablement fixée à l'usufruit de la moitié des biens. Sous ce rapport, la loi votée par le Sénat nous semble critiquable : la loi aurait pu, sans exagérer le principe de l'affection présumée du défunt, d'après lequel se règle l'ordre successoral, établir d'autres distinctions, en rapport avec la qualité des héritiers qui peuvent se trouver en concours avec le survivant. C'est, du reste, ce qu'ont fait la plupart des cours et des facultés.

Nous admettrions, par exemple, de préférence à celle du Sénat, la solution de M. Boissonade, quand le survivant est en présence d'ascendants, et en conséquence, nous accorderions, dans ce cas, au survivant l'usufruit de la portion disponible. Cette solution serait en harmonie avec l'article 1094.

Au reste, il faut remarquer que, dans les savants mémoires fournis par les facultés de droit, on a eu soin de prévoir toutes les hypothèses et de les résoudre. Malheureusement, les solutions proposées ne sont pas toujours les mêmes : elles varient presque, suivant le cas prévu, et l'on se prend à regretter d'autant plus que le Sénat n'ait pas donné une solution définitive sur toutes ces questions.

Quoi qu'il en soit, le législateur a préféré prévoir, dans une seule disposition, le concours du survivant avec les ascendants, avec les enfants ou parents naturels, avec les collatéraux, et fixer invariablement, pour tous ces cas, le droit du survivant à l'usufruit de la moitié des biens; tout en nous en tenant à sa décision, nous ne pensons pas qu'il ait assez fait.

§ 4. — *La part du survivant devrait-elle avoir le caractère d'une réserve?*

La loi n'accorde une réserve qu'aux descendants et aux ascendants. Ces héritiers peuvent faire réduire les libéralités du défunt lorsqu'elles sont exagérées : car la loi ne permet pas qu'ils soient dépouillés entièrement. La réserve, peut-on dire, est la portion indisponible de la succession.

Devons-nous accorder au conjoint survivant le droit de réserve, comme garantie de son droit d'usufruit? On a pu soutenir l'affirmative, en s'appuyant sur cette idée que, dans notre ancienne législation, le douaire constituait pour la veuve une sorte de légitime, puisque les biens grevés du douaire étaient inaliénables et imprescriptibles.

Nous sommes d'un sentiment contraire, et nous ne croyons pas que l'on doive faire du conjoint survivant un héritier réservataire, surtout si l'on songe que le Code civil a déjà notablement restreint la quotité disponible et que la réserve des enfants même est de nos jours vivement critiquée.

D'ailleurs, les motifs qui justifient la réserve à l'égard des descendants et des ascendants ne se rencontrent plus en faveur de l'époux. L'époux a été enfant lui-même, et, à ce titre, il a déjà bénéficié de la réserve dans sa famille. La loi veut que le père de famille continue après sa mort les obligations que lui imposait sa paternité, et c'est dans ce but qu'elle lui enlève la disposition d'une partie de ses biens pour assurer l'avenir des enfants. La reconnaissance impose le même devoir aux enfants vis-à-vis des auteurs de leurs jours.

Les devoirs des époux l'un envers l'autre ne sont pas les mêmes que ceux des parents envers leurs enfants. La loi a sans doute sanctionné rigoureusement l'accomplissement de ces devoirs par la séparation de corps, mais qui ne sait que ce remède est encore plus funeste que le mal? Il faut donc laisser à l'époux, offensé dans son honneur ou blessé dans ses sentiments, un pouvoir de sanction libre et discrète, contre le conjoint qui s'est rendu indigne de son affection.

Pour dépouiller le survivant de son droit héréditaire, une exhérédation formelle ne sera pas nécessaire, comme le voulait la faculté de Grenoble; il suffira que le *de cujus* ait disposé, par donation ou par testament, en faveur de ses héritiers ou d'un étranger, de la portion d'usufruit que la loi accorde au survivant. Ainsi, l'époux n'exercera son droit que sur les biens restés disponibles dans la succession, sans pouvoir critiquer les libéralités faites par le *de cujus* ou les faire réduire.

Remarquons d'ailleurs qu'il ne sera pas toujours dénué de secours dans la famille du prédécédé; car, s'il est dans le besoin et qu'il y ait des enfants communs ou des ascendants, ils lui devront des aliments (Art. 206-207). Au surplus, le Sénat a décidé que, lorsque le *de cujus* aurait épuisé la portion disponible en faveur d'autres que son conjoint, celui-ci aurait, s'il était dans le besoin, une créance alimentaire contre sa succession. Cette disposition équitable s'imposait au Sénat, surtout en présence des décisions de la jurisprudence et de la majorité des auteurs qui admettent, malgré le silence du Code, que des aliments sont dus à l'époux même contre lequel la séparation de corps a été prononcée.

« Peut-on comprendre, disait M. Delsol dans son rap-
» port (1), que l'époux séparé ait droit aux aliments qui,
» une fois fixés, seront exigibles même contre la succes-
» sion du conjoint prédécédé, tout au moins pour celui
» qui a obtenu la séparation de corps, tandis que le sur-
» vivant qui a passé sa vie tout entière dans l'intimité
» heureuse du foyer conjugal ne pourrait rien réclamer
» contre cette succession? » (Comparer les §§ 9 et 11 du texte voté par le Sénat).

Le Sénat a donc eu raison de ne pas admettre le conjoint survivant au bénéfice de la réserve. « Avec cette
» solution, dit M. Boissonade (2), le mariage conservera
» toute sa dignité : les dangers de captation en seront
» écartés; les mariages disproportionnés d'âge et de for-
» tune ne seront pas suspectés de spéculation et de con-
» voitise ; on ne verra pas surgir, comme dans la Rome
» impériale, une nouvelle classe d'hérédipètes ; on n'aura
» pas l'affligeant spectacle d'un contraste matrimonial
» qui , donnant du ridicule au plus âgé des époux ,
» imprimerait un caractère odieux au plus jeune; enfin,
» dans le cas où l'affection et un dévouement sincère dé-
» termineront seuls une semblable union, les cœurs déli-
» cats n'auront pas à redouter du monde un jugement
» aussi injuste que sévère. »

(1) *Officiel* du 4 mars 1877.
(2) P. 555.

§ 5. — *Le survivant doit-il avoir la saisine légale?*

Ici, a-t-on dit avec raison, il s'agit surtout d'une question de dignité et de convenance, et nullement d'une mesure à garder dans la détermination des droits respectifs de l'époux et de la famille. Le survivant des époux doit être reconnu, selon nous, héritier légitime, et, comme tel, il doit avoir la saisine. L'art. 724 du Code civil devrait donc être modifié en ce sens, puisqu'il range le conjoint parmi les successeurs irréguliers, et qu'il l'assujettit à demander l'envoi en possession. Nous essaierons de justifier notre préférence.

« Si la saisine repose sur l'idée touchante d'une conti-
» nuation du domaine entre le défunt et ses héritiers (*le*
» *mort saisit le vif*), dans quel cas cette continuation
» sera-t-elle plus naturelle qu'entre époux, lorsque la
» loi nouvelle aura justement pour objet de maintenir en
» faveur du survivant, dans la mesure du possible, les
» bienfaits et les avantages de l'existence antérieure,
» menacée d'être bouleversée par la mort? »

Non, l'époux ne doit plus être considéré comme un successeur irrégulier; la loi, en le rangeant dans cette classe de successeurs avec les enfants naturels et le fisc, l'a placé en trop peu honorable compagnie. Si vous reconnaissez que l'époux est un héritier, et vous l'admettez puisque vous lui conférez un droit héréditaire, qu'il exerce en concours avec les descendants eux-mêmes, vous devez reconnaître aussi qu'il est héritier légitime. C'est ce qu'exprimaient noblement les Assises de Jérusalem :

« Nul homo n'est si dreit heir au mort come est sa feme
« espouzo. »

On objecte que la qualité d'héritier légitime dérive
directement de la parenté, que, si le mariage est la source
de la parenté, il ne la constitue pas entre époux. Notre
conjoint est notre premier allié, dit-on ; mais admettre
qu'il est notre parent, c'est confondre la cause avec
l'effet ; c'est détruire un principe fondamental du Code et
bouleverser tout le système successoral.

Doctrine subtile assurément, comme si la cause était
moins sainte et moins légitime que l'effet ! Non, cette
doctrine ne saurait nous satisfaire. Nous regrettons toutefois que le projet Delsol ne se soit pas expliqué sur la saisine, ou que du moins la question n'ait pas été agitée lors
de la discussion du projet ; mais nous persistons fermement dans notre opinion.

Les parents légitimes, en effet, sont ceux qui se rattachent à nous, de près ou de loin, par le lien du mariage :
nos enfants sont légitimes, moins parce qu'ils sont de
notre sang (*hoirs de notre corps*), que parce qu'ils sont
issus de notre conjoint légitime. Or, ajoute M. Boissonade,
la déduction rigoureuse qui nous a amené à reconnaître
une véritable parenté entre les époux nous amène encore
à reconnaître que c'est une parenté légitime. Comment la
source de toute légitimité ne serait-elle pas légitime elle-
même ?

Ce système n'est pas nouveau : nous avons déjà constaté, en étudiant l'ancien droit français, que la plupart
des coutumes accordaient à la veuve la saisine de son
douaire ; bien plus, la saisine était même reconnue à

l'époux survivant recueillant *ab intestat*, à défaut de
parents, la succession de son conjoint.

On a encore tiré une objection de la nature viagère du
droit reconnu au survivant; elle ne peut nous arrêter
longtemps. L'usufruit de l'époux devant être, suivant le
cas, universel ou à titre universel, n'a rien d'incompatible avec la saisine légale, et nous ferons même remarquer que ce n'est pas la première application que la
saisine recevrait en matière d'usufruit (1).

L'époux survivant pourra donc exercer librement, sur
la succession du *de cujus*, son droit d'usufruit, dans la
mesure prescrite par la loi, sans avoir à demander la
possession des biens. Comme tout usufruitier, il sera d'ailleurs tenu de faire bon et fidèle inventaire, et de donner
caution : nous admettrons même que, selon le droit commun, il pourra être dispensé de ces deux obligations par
une disposition expresse du testateur (a).

§ 6. — *Quid des causes de déchéance?*

Il nous reste à examiner quelle devrait être, sur le droit
nouveau du conjoint, l'influence de la séparation de corps
et quel serait l'effet d'un second mariage du survivant.

En dehors de ces deux causes de déchéance, l'art. 727,
qui énonce les causes générales d'indignité, nous paraît
devoir être appliqué au conjoint. C'était l'avis de la Faculté de Toulouse.

(1) Voir art. 753-754 et 1006 du *Code civil.*
(a) Voir un remarquable article de M. T. Bazot, dans la *Revue
critique*, xiiie année, p. 423, t. 3.

Lors de la présentation du projet de Code civil au conseil d'Etat, le conjoint n'était exclu de son droit de succession ni par le divorce, ni par la séparation de corps. Dans la discussion, Maleville, Treillard et Berlier demandèrent que les époux divorcés ou séparés de corps ne se succédassent pas; et l'article fut renvoyé au comité de rédaction pour être modifié en ce sens. Cependant on n'était pas d'accord sur le point de savoir si l'exclusion serait réciproque ou si elle n'atteindrait que l'époux coupable. Dans la rédaction définitive, l'art. 767 n'enleva qu'aux époux divorcés le droit de succession réciproque: il ne s'expliqua pas sur la séparation de corps; en sorte que le droit fut conservé aussi bien pour l'époux coupable que pour l'époux offensé (1).

La Faculté de Poitiers a émis l'avis qu'il ne fallait pas s'écarter du système du Code : « Car le lien du mariage » subsiste, et le silence de l'époux qui n'a pas dépouillé » le coupable survivant implique la pensée d'un géné- » reux pardon. »

M. Boissonade proposait de refuser le droit de succession au conjoint contre lequel la séparation de corps aurait été prononcée par jugement devenu inattaquable : le droit subsisterait intégralement pour l'époux offensé. Dans tous les cas, la réconciliation opérée, avant la dissolution du mariage, rendrait tous ses droits à l'époux condamné.

C'est avec raison, pensons-nous, que cette distinction a été admise par le Sénat. Le législateur l'avait déjà con-

(1) Fenet, xii, pp. 36, 116.

sacrée dans les lois du 9 juillet 1853 sur les pensions civiles, et du 14 juillet 1866 sur le droit des auteurs. La
plupart des législations étrangères ont de même établi
cette distinction, qui se justifie d'ailleurs par le principe de la personnalité des peines.

En ce qui concerne les effets du convol, le projet Boissonade et le projet Delsol se trouvent en complet désac-
cord. Le premier est d'avis que les secondes noces ne doivent pas être punies, parce qu'elles sont l'exercice d'un
droit reconnu par la loi elle-même ; d'après le second,
l'usufruit du conjoint survivant cesse par un subséquent
mariage. Le Sénat a admis, en principe, cette dernière
solution, mais seulement au cas où le défunt a laissé des
enfants.

En faveur de cette opinion, on a dit : la volonté présumée du défunt étant la base de la vocation du conjoint,
il est certain que le *de cujus* n'aurait point en général consenti à laisser à son conjoint un gain de survie, s'il avait
prévu qu'il contracterait un nouveau mariage. Qu'on ne
dise pas que l'interdiction du mariage est une condition
contraire à la loi naturelle et aux bonnes mœurs : depuis
longtemps, la jurisprudence a consacré la règle que,
d'époux à époux, on pouvait insérer dans une donation,
dans un testament, la clause de viduité.

En convolant, le survivant rompt définitivement les
liens qui l'unissaient à la famille du défunt ; la première
union est complètement oubliée. De plus, les raisons qui
lui avaient fait accorder l'usufruit n'existent plus, car sa
seconde union lui assurera des ressources suffisantes pour
se passer des avantages résultant de son premier mariage.

En outre, cette cause de déchéance n'est pas nouvelle dans la loi, puisque, aux termes de l'art. 386, la veuve qui se remarie perd le droit d'usufruit sur les biens de ses enfants mineurs; et qu'elle figure aussi dans la loi de 1866.

Telle est l'analyse du premier système : la question, comme on peut en juger, est très délicate. Cependant les arguments précités ne nous ont pas convaincu, et, de préférence, nous adopterons la solution la plus favorable au conjoint survivant.

Le droit de se remarier est reconnu par la loi : dès lors, le convol ne peut être une cause de déchéance du droit héréditaire du conjoint.

Les déchéances se comprennent quand il s'agit de droits inconciliables ou incompatibles avec un nouveau lien. Par exemple, quand il s'agit de la tutelle des enfants du premier lit, la loi a sagement fait d'enlever l'usufruit à la mère remariée, si le conseil de famille ne juge pas à propos de la maintenir dans la tutelle (art. 395-396). Il est permis de trouver la loi un peu sévère quand elle enlève à la mère, qui se remarie, l'usufruit des biens de ses enfants mineurs.

Mais ici, il s'agit d'un droit tout différent; d'un droit que le survivant tiendra de la loi et de la volonté tacite du prédécédé : aussi estimons-nous que cette cause de déchéance, inscrite dans la loi de 1866, devrait en être effacée.

Nous n'admettons pas que le *de cujus* puisse, par une disposition formelle, enlever l'usufruit à son conjoint pour le cas où il se remarierait; car il nous paraît que les dispositions de l'homme qui tendent à restreindre la liberté du mariage sont contraires à la liberté naturelle et aux bonnes mœurs. L'interdiction du mariage serait, en outre, le plus souvent contraire aux véritables intérêts des familles. Qui ne sait qu'on est souvent forcé par les circonstances de contracter de nouveaux nœuds, précisément dans l'intérêt des enfants, qui sont restés orphelins ? Présumer, dans ce cas, la révocation tacite du droit du conjoint, ce serait placer le survivant entre son intérêt et son devoir. La loi devait au contraire présumer que l'affection du survivant serait toujours assez forte pour protéger les enfants issus de son union avec le prémourant.

CONCLUSION.

Nous avons terminé cette rapide étude du projet de réforme. La loi, votée par le Sénat, est une œuvre de réparation, un peu tardive il est vrai, mais, en somme, accomplie dans d'assez larges proportions.

Nous ne reviendrons pas ici sur les critiques de détail que nous avons cru devoir lui adresser : nous souhaitons seulement que le projet soit bientôt converti en loi : *pendet interruptum opus*. La réforme définitive s'impose au législateur de toute nécessité, surtout en présence des tentatives importantes que révèlent certaines lois récentes, et quand on sait que toutes les législations étrangères, qui sont toujours à l'emprunt de la nôtre, ont depuis longtemps adopté les améliorations que nous réclamons en faveur du conjoint survivant.

Les réformes, qui sont actuellement proposées, inté-
ressent moins la dignité de la loi et nous paraissent moins
urgentes pour le bien public. Tout se réunit pour inviter
le législateur à promulguer la nouvelle loi, qui ne fera
que consacrer la revendication légitime d'un droit naturel
de l'époux. Alors nous pourrons dire que la loi tient compte
de cette parole de l'apôtre qui enseigne à honorer le
veuvage : *honora viduas*, et qu'elle est en même temps
conforme au précepte de droit qui ordonne de rendre à
chacun le sien : *suum cuique tribuere*.

CHAPITRE II.

DE LA SUCCESSION TESTAMENTAIRE

Section unique. — De la quotité disponible entre époux.

La portion disponible est la part de succession dont la
loi permet de disposer entre époux. Si la loi s'est montrée
trop parcimonieuse dans le règlement de leur droit successoral *ab intestat*, en revanche, elle leur a permis de s'a-
vantager assez largement par leurs dispositions testamentaires.

A l'égard de la fixation du disponible entre époux, il
n'y a, en général, aucune distinction à faire entre les donations par contrat de mariage et celles faites pendant le
mariage ou par testament. Toutefois, nous devons signaler
une différence quand c'est un mineur qui se marie : alors
qu'il peut, dans son contrat de mariage, avec l'assis-

tance de ceux dont le consentement est requis pour la validité du mariage, donner à son futur conjoint autant qu'un majeur, il ne peut disposer pendant le mariage que par testament, et seulement de la moitié du disponible d'un majeur.

Nous nous proposons de donner la théorie de 1094, d'après le système que nous croyons avoir été suivi par la loi; mais nul n'ignore combien sont délicates les questions qui se rattachent à cette importante étude. La controverse est partout; on peut même dire que, au lieu de diminuer, elle ne fait que s'étendre. Nous aborderons les questions principales, sans prétendre les épuiser: le cadre d'une thèse ne suffirait pas à l'examen de cette matière spéciale.

Entre époux, comme entre étrangers, la quotité disponible varie suivant la qualité et le nombre des héritiers laissés par le testateur à son décès. La loi prévoit trois hypothèses; nous allons les examiner, en supposant, avec elle, qu'il n'y a pas d'enfants d'un premier mariage.

§ 1. — *Le disposant ne laisse ni descendants ni ascendants.*

La loi n'a pas prévu ce cas spécialement; mais l'art. 916 sert à le résoudre. Quand le *de cujus* ne laisse que des collatéraux, il peut donner valablement tous ses biens à des étrangers (a); il peut aussi les donner à son conjoint.

(a) Par étrangers, nous désignons toute personne autre que le conjoint.

§ 2. — *Le disposant ne laisse que des ascendants.*

Dans l'espèce, le disposant pouvait donner à des étrangers la moitié ou les trois quarts de ses biens, suivant qu'il laisse des ascendants dans les deux lignes, paternelle et maternelle, ou dans une seule (915). Le § 1 de 1094 lui permet de disposer, *en outre*, en faveur de son conjoint, de l'usufruit de la portion réservée aux ascendants. Ainsi, dans ce cas, le disponible entre époux est supérieur au disponible ordinaire : 1094 est extensif.

Cette disposition qui réduit les ascendants à une nue propriété a été vivement critiquée par Maleville (1) : « Il « est vraiment dérisoire, dit-il, de renvoyer les ascen- » dants, pour la jouissance de leur légitime, à la mort de » leurs gendre ou bru, qui ont ordinairement de moins » qu'eux l'âge d'une génération. » Remarquons, en outre, que la loi crée une innovation importante ; car, dans le droit romain comme dans notre ancienne jurisprudence, la réserve des ascendants devait rester intacte. Cependant, on peut, sans la justifier pleinement, expliquer la disposition du Code. « Le droit de l'ascendant ne s'ouvre, disait » le tribun Jaubert, que par l'interversion des lois de la » nature. »

Son droit à la réserve est moins naturel que celui des ascendants, et il est par conséquent plus susceptible d'être modifié par le droit positif ; on comprend que le législateur ait permis à l'époux de porter atteinte, dans une

---

(1) Anal. rais. de la discuss. du C. c., t. 2, p. 437.

certaine mesure, à la réserve des ascendants, pour récompenser l'affection dévouée de son conjoint. L'ascendant
n'éprouve d'ailleurs aucune déception à être privé de cet
usufruit qu'il n'avait pas eu du vivant de l'époux décédé;
tandis que le survivant, qui avait jusqu'alors partagé
l'usufruit avec son conjoint, a un droit naturel à le conserver (1).

Du reste, l'ascendant pourra vendre sa nue propriété,
pour jouir de sa valeur. Duranton et, après lui, certains
auteurs ont pensé que la loi aurait plus sagement fait de
donner l'usufruit aux ascendants et la nue propriété au
conjoint. Nous ne partageons pas cet avis; la loi a préféré,
avec raison, laisser aux ascendants une nue propriété qui
reste ainsi dans la famille du défunt, tandis que, donnée à l'époux, elle en fût à jamais sortie.

§ 3. — *Le disposant laisse un ou plusieurs descendants.*

L'art. 913 dispose qu'il pouvait donner à des étrangers la moitié de ses biens, s'il ne laisse qu'un enfant
légitime, le tiers s'il en laisse deux, le quart s'il en
laisse trois ou un plus grand nombre.

Le § 3 de 1094 dispose : « Et pour le cas où l'époux
» donateur laisserait des enfants ou descendants, il pourra
» donner à l'autre époux, ou un quart en propriété et un
» quart en usufruit, ou la moitié de tous ses biens en
» usufruit seulement. »

Il est facile de voir, en comparant les deux disposi-

(1) Colmet de Santerre, IV, p. 520.

tions, que la loi semble établir des différences entre les deux disponibles. Tandis que le disponible ordinaire varie suivant le nombre des enfants, le disponible entre époux, au contraire, paraît être fixé invariablement; de telle sorte qu'il pourra être tantôt plus fort, tantôt plus faible, et tantôt peut-être équivalent, mais jamais égal au disponible ordinaire.

A ne s'attacher donc qu'au sens littéral du texte, l'article 1094, § 2, est tantôt extensif et tantôt restrictif du disponible fixé par 913; extensif, quand le *de cujus* a laissé trois enfants ou un plus grand nombre, car, dans ce cas, il n'aurait pu disposer au profit d'un étranger que d'un quart en pleine propriété; restrictif, si le *de cujus* n'a laissé qu'un enfant, car alors il eût pu disposer, au profit d'un étranger, de la moitié en pleine propriété.

Telle est l'interprétation qui fut, pour la première fois, donnée à la loi, par un arrêt de la cour de Nîmes (10 juin 1807). Grenier adopta la même manière de voir dans son traité des Donations, et, depuis ce moment, la doctrine et la jurisprudence furent unanimes dans le même sens. En 1812, cet accord fut rompu d'une manière éclatante par M. Benech, célèbre professeur de la faculté de Toulouse. Dans son traité de la quotité disponible entre époux, il soutint que 1094 n'est en aucun cas restrictif, mais est purement extensif de la quotité disponible ordinaire. D'après lui, 913, quand il est plus avantageux, doit se combiner avec 1094 : la quotité disponible entre époux peut quelquefois être supérieure à la quotité disponible ordinaire, mais non lui être jamais inférieure. Ainsi le *de cujus* ne laisse-t-il qu'un enfant; il pouvait donner à un étranger la moitié de ses biens, il pourra pareillement donner la moitié en pleine propriété à son conjoint, quoique 1094 ne paraisse lui accorder, dans l'espèce, qu'une quotité moindre.

La théorie de Benech a rencontré de nombreux adhérents (1). Mais la gran le majorité des auteurs et toute la jurisprudence sont restées fidèles à la première interprétation (2).

Nous l'avouons, les arguments du système Benech n'ont pu apporter la conviction dans notre esprit, et nous repousserons la théorie inventée par ce savant auteur. En prenant cette décision, nous n'ignorons pas que nous nous exposons à être traité d'absurde par Benech ; nous savons d'avance que M. Aubry trouve notre opinion *insoutenable*, et que Zachariæ a dit que notre système amène à ce résultat choquant, « *legem esse sinè ratione.* »

C'est le contraire que nous essaierons de prouver. Pour nous, le nombre des descendants réservataires est sans influence sur le chiffre du disponible entre époux. 1094 est toujours et uniquement applicable, et est exclusif des articles qui fixent le disponible de droit commun.

Quand la loi détermine le disponible ordinaire, elle ne s'occupe pas de la qualité du donataire ou légataire ; elle considère uniquement la qualité du réservataire, et c'est d'après le mérite de ce dernier qu'elle fait varier le

(1) Zachariæ, § 689. — Aubry et Rau, t. 7, § 689. — Valette, le *Droit du 11 mars 1846*. — Lauth, de la *quot. dispon.*, p. 74. — Boissonade, *op. cit.* n⁰ˢ 348 et suiv.

(2) Marcadé, art. 1094. — Colmet de Sant., t. IV, n⁰ 274 *bis*. — Demol., t. VI, n⁰ˢ 499 et 500. — Cass., 4 janv. 1869, S., 69, 1, 145.

chiffre de la réserve. Au contraire, quand la donation
s'adresse à l'époux du *de cujus*, par exception, le chiffre
du disponible ne dépend pas uniquement de la qualité
du réservataire, mais aussi de celle du gratifié. Pour
bien se rendre compte de cette différence, il faut comprendre l'importance qu'attache le législateur à la qualité d'époux. Suivant qu'on l'envisage, la qualité d'époux
peut, en effet, apparaître comme une cause de faveur ou
de disgrâce, et devenir, selon les cas, une cause d'extension ou de restriction du disponible ordinaire. C'est là
qu'est le *criterium* de notre système, qui est aussi celui
du Code.

En effet, si l'on se préoccupe uniquement du rapport
conjugal, la qualité d'époux semble exclusivement favorable, puisque l'affection conjugale et le désir naturel
d'assurer au survivant une situation décente expliquent
suffisamment que la libéralité puisse atteindre un chiffre
supérieur au disponible ordinaire; et l'on comprend
d'autant mieux la liberté des donations entre époux, si
l'on songe que notre loi n'accorde au survivant qu'un
droit de succession dérisoire; car les législateurs qui ont
pourvu à la dignité de l'époux survivant par un droit
successoral sérieux, comme le Droit romain et le Droit
coutumier, ont supprimé ou restreint la liberté des
donations entre époux; ceux, au contraire, qui n'ont pas
accordé au survivant de droit successoral efficace, comme
le droit intermédiaire et le Code civil, ont admis par
compensation que les libéralités entre époux seraient
plus ou moins libres. Et cela s'explique : le législateur qui
a réglé lui-même la situation du survivant n'a pas voulu

abandonner ce soin à la sollicitude du prédécédé, craignant que ce dernier ne fût trop prodigue ou trop égoïste; celui, au contraire, qui n'a pas voulu régler de sa propre autorité le sort du survivant a dû permettre au prédécédé de faire ce qu'il ne faisait point, et autoriser les libéralités entre époux.

Que si maintenant on envisage les rapports des époux avec leurs enfants, la qualité d'époux devient au contraire une cause de restriction du disponible ordinaire. L'affection conjugale est pour la loi un motif puissant de restreindre des libéralités, auxquelles les époux ne se sentiront que trop enclins, et qui peuvent porter au droit des enfants une atteinte frauduleuse ou irréfléchie.

Une bonne loi devait donc accorder aux enfants contre l'époux survivant une protection spéciale, qu'il était inutile de leur accorder contre des étrangers; et, sous ce rapport, le disponible entre époux devait être plus étroit que le disponible ordinaire. La loi devait tenir compte dans la réglementation de la quotité disponible entre époux, de ces deux idées que comporte le titre d'époux : faveur d'une part, défaveur de l'autre, pour établir un juste système d'équilibre. Et c'est ce qu'elle a fait : elle a choisi, entre les deux termes extrêmes du disponible ordinaire qui varie, un terme moyen exprimé par un chiffre fixe, qui est le disponible entre époux.

A. — *Historique de la rédaction des articles.*

Il importe d'examiner d'abord les rapports des articles 913-917 et 1094 avec les articles correspondants 16, 17 et 151 du projet de Code.

I. — Rapport des articles 913-917 avec les art. 16-17.

L'art. 16, dont l'art. 151 n'était qu'une application, organisait un système complet. Les parents réservataires se divisaient en trois classes : les descendants dont la réserve était des $\frac{3}{4}$; les ascendants et les frères et sœurs ou descendants d'eux, dont la réserve était de $\frac{1}{2}$; enfin la troisième classe comprenait les oncles, grands-oncles et cousins germains, dont la réserve était de $\frac{1}{4}$. Le disponible variait donc selon la classe des réservataires appelés, mais il ne variait pas selon le nombre des réservataires de la classe appelée.

Le Code a opéré une double réforme : sous son empire, il n'y a plus que deux classes de réservataires : les descendants et les ascendants. En outre, le chiffre du disponible ne dépend plus seulement de la classe et de la qualité des réservataires, mais aussi de leur nombre.

L'art. 17, aujourd'hui 917, complétait l'art. 16; il fixait pour le disponible un chiffre unique, qui ne variait point, selon que la disposition était faite en propriété ou en usufruit.

D'après le Code, au contraire, le chiffre du disponible est calculé pour le cas où la disposition est faite en propriété; si elle est faite en usufruit et dépasse, comme telle, le chiffre du disponible, les héritiers du disposant peuvent, à leur choix, exécuter la disposition d'usufruit telle quelle, ou la transformer en disposition de propriété, et abandonner aux légataires le maximum du disponible en propriété.

II. — Rapport de l'art. 151 du projet avec 1094.

1° D'après l'art. 151, l'époux pouvait toujours donner

à son conjoint en propriété tout ce qu'il eût pu donner à un étranger; en outre, il pouvait donner à son conjoint un supplément d'usufruit, qu'il n'eût pas pu donner à un étranger; cette disposition d'usufruit comprenait toute la réserve, quand le survivant venait en concours avec des réservataires de la troisième ou même de la deuxième classe; et quand il concourait avec des descendants, il pouvait recevoir en usufruit une partie seulement de la réserve, $\frac{1}{4}$, en plus du disponible ordinaire ou $\frac{1}{4}$ en propriété; mais, dans ce cas, le survivant pouvait à *fortiori* recevoir $\frac{1}{2}$ en usufruit, au lieu de $\frac{1}{4}$ en propriété plus $\frac{1}{4}$ en usufruit, car le chiffre du disponible était toujours le même tant en usufruit qu'en propriété.

Il faut remarquer que, dans deux cas sur trois, quand le survivant était en présence de réservataires de la première ou de la deuxième classe, le chiffre du disponible spécial d'usufruit était précisément égal au chiffre du disponible ordinaire de propriété; dans ces deux cas, en effet, l'époux qui pouvait recevoir $\frac{1}{4}$ ou $\frac{1}{2}$ en propriété, pouvait également recevoir $\frac{1}{4}$ ou $\frac{1}{2}$ en usufruit. Dans le troisième cas, cette proportion n'existait plus, mais elle était impossible, puisque l'époux, en concours avec des réservataires de la troisième classe, pouvait recevoir $\frac{3}{4}$ en propriété, ou le disponible ordinaire, plus l'usufruit de la réserve ou $\frac{1}{4}$ en usufruit.

2° Le Code a profondément modifié ce système. Le principe, que l'époux peut toujours donner en propriété à son conjoint tout ce qu'il pourrait donner à un étranger, n'a plus d'application; le disponible entre époux n'est plus toujours égal au disponible ordinaire. S'il n'y a que des ascendants, il est vrai, les deux disponibles de propriété sont encore égaux, puisque l'époux peut, dans ce cas, comme un étranger, recevoir $\frac{1}{2}$ ou $\frac{3}{4}$ en propriété, selon qu'il y a des ascendants dans une seule ligne ou dans les deux; mais l'égalité disparaît quand il y a des descendants, puisque l'époux, en concours avec eux, ne peut jamais recevoir que $\frac{1}{4}$ en propriété, tandis que l'étranger pourrait, dans le même cas, recevoir $\frac{1}{4}$, $\frac{1}{3}$ ou $\frac{1}{2}$ suivant le nombre des enfants.

Quant au principe, d'après lequel l'époux peut recevoir, outre la part de propriété, une part d'usufruit qui ne saurait être attribuée à un étranger, et qui est précisément égale à ce qu'il peut recevoir en propriété, le Code l'a conservé à peu près intact.

Enfin, dans le projet de Code, tant pour le disponible ordinaire que pour le disponible entre époux, une disposition d'usufruit ne pouvait jamais dépasser le chiffre qu'une disposition de propriété pouvait atteindre.

Cette règle, qui n'a pas passé dans le Code, en ce qui concerne le disponible ordinaire, semble, au contraire, y avoir passé en ce qui concerne le disponible entre époux (Comp. 917 et 1094). Il résulte, en effet, de 1094 que le de cujus n'a jamais pu donner au survivant plus de $\frac{1}{2}$ en usufruit. En fixant ce chiffre, le Code a voulu proscrire une disposition d'usufruit, supérieure à $\frac{1}{2}$, et prétendue équivalente à une donation du plus fort disponible. Donc, au cas de disposition excessive d'usufruit, les héritiers n'ont point ici l'option de 917, car, s'ils exécutaient la disposition, nous aurions une disposition d'usufruit qui dépasserait la mesure du disponible de propriété.

B. — *Réfutation du système Benech.*

Ce système emprunte ses arguments à la *philosophie du droit*, *au texte de la loi*, *et aux travaux préparatoires.*

I. — Philosophie du droit.

Il est possible et même nécessaire, dit Benech, que la loi ait considéré la qualité d'époux comme un titre de faveur ou comme une cause de défiance ; mais elle n'a pu adopter à la fois ces deux idées, puisque chacune d'elles est la négation de l'autre. Suivant qu'elle a considéré la qualité d'époux comme favorable ou défavorable, elle a dû organiser à l'usage des époux un disponible purement extensif ou entièrement restrictif du disponible ordinaire. Or, chacune de ces dispositions prouve qu'elle a adopté le système extensif. Quand le *de cujus* laisse des ascendants réservataires, la loi lui permet de donner à son conjoint tout le disponible ordinaire, plus l'usufruit de toute la réserve. Quand le *de cujus* laisse trois enfants ou plus, le survivant peut recevoir $\frac{1}{4}$ en propriété, plus $\frac{1}{4}$ en usufruit, tandis que l'étranger ne peut recevoir que $\frac{1}{4}$ en propriété. Quand il y a deux enfants, le survivant peut recevoir $\frac{1}{4}$ en propriété, plus $\frac{1}{4}$ en usufruit, c'est-à-dire $\frac{9}{24}$ en propriété, si l'on évalue l'usufruit à la moitié de la propriété, d'après le principe de la loi du 22 frimaire an VII, tandis que l'étranger ne peut jamais recevoir que $\frac{1}{5}$ ou $\frac{8}{24}$ en propriété.

Dans tous ces cas, le disponible entre époux est supérieur au disponible ordinaire : c'est parce que la loi voit avec faveur le titre d'époux. Comment comprendre que la loi change sa faveur en défiance quand il n'y a qu'un enfant ? Car, dans le système adverse, c'est dans ce seul cas que le disponible entre époux est inférieur au disponible ordinaire : tandis que celui-ci est de $\frac{1}{3}$ en propriété, le disponible entre époux ne serait que de $\frac{1}{4}$ en propriété, plus $\frac{1}{4}$ en usufruit.

Avec ce système, dit Benech (1), plus la réserve des enfants sera modique, et plus l'époux sera favorisé. Quand chaque enfant n'aura à titre de réserve que $\frac{1}{4}$, $\frac{1}{8}$, l'époux pourra recevoir une part plus large, et quand l'enfant unique aura pour lui seul la moitié à titre de réserve, l'époux sera plus maltraité... Ce résultat est absurde.

Est-il juste d'ailleurs de permettre de disposer davantage à l'égard d'un étranger qu'en faveur de l'auteur de l'enfant ? Les biens ainsi recueillis par l'étranger entreront définitivement dans sa famille, tandis que si le *de cujus* pouvait disposer de ces 'iens en faveur de son époux, il est plus que probable qu'ils reviendraient, à la mort du survivant, à leurs enfants communs.

Il est facile de répondre à cette argumentation. Benech considère comme absurde une idée très rationnelle, à savoir que la loi traduit deux idées contraires dans ses dispositions. Le législateur envisage le titre d'époux sous deux rapports différents. Ainsi, le disponible entre époux est tantôt plus fort que le disponible ordinaire, parce que le *minimum* du disponible ordinaire ne permettrait pas à

(1) *Op. cit.*, p. 162.

l'époux de favoriser son conjoint dans une juste limite ; tantôt plus faible, parce que le *maximum* du disponible ordinaire serait trop large pour sauvegarder les intérêts des enfants. La loi a donc bien fait d'établir une quotité fixe, se défiant ainsi de la propension des conjoints à s'avantager. Le législateur a voulu prévenir ce qu'il supposait être fait avec plus de facilité : c'est ce qu'exprimait ainsi Vinnius (1) : *Lex arctiùs prohibet quod faciliùs fieri putat.*

La loi devait également tenir compte de l'intérêt des enfants et des besoins de l'époux : l'adoption d'une quotité invariable concilie ces deux exigences, car les besoins de l'époux ne varient pas avec le nombre des enfants.

Dès lors, il arrivera en effet que le disponible entre époux sera plus fort que le disponible ordinaire, quand la réserve de l'enfant sera modique, et plus faible, quand la réserve de l'enfant sera plus élevée. Mais le disponible fixe concilie la faveur due à l'époux avec la protection que méritent les enfants ; n'est-ce pas conforme à la raison ? Et l'on dit que c'est absurde !

II. — Textes du code.

L'article 902, disent nos adversaires, dispose que toutes personnes peuvent donner ou recevoir, à moins d'en être déclarées incapables par la loi. Cet article énonce un principe de droit naturel incontestable. Or, quand le législateur veut édicter une exception à la règle, il emploie des termes formels : *ne pourra, ne pourront.* Dans l'espèce, 913 fixe la quotité disponible à $\frac{1}{2}$, $\frac{1}{3}$, $\frac{1}{4}$, selon le

_____

(1) *Instit.*, liv. 2, tit. 8.

nombre des enfants : l'époux peut invoquer cet article à
moins qu'un texte ne le déclare incapable de donner ou
de recevoir en cette mesure de son conjoint. Mais 1094,
loin d'édicter cette incapacité, est au contraire conçu en
des termes purement facultatifs et extensifs : « *l'époux
pourra donner.* » Si la loi eût voulu restreindre le disponible, elle aurait employé une formule prohibitive.

Cet argument, répondons-nous avec Marcadé, laisse la
question pleinement indécise : ce sont les mots « pourra
donner, » qui donnent naissance à la controverse ; s'il y
avait « l'époux ne pourra donner », la question serait formellement tranchée dans notre sens. D'ailleurs, ne pou-
vons-nous pas, avec une égale vraisemblance, interpréter
en notre faveur les mots « pourra donner », et dire :
quand la loi permet de disposer jusqu'à concurrence
de..., elle est forcément prohibitive pour tout ce qui
excède le chiffre qu'elle détermine.

Quant à l'article 902, ajoute Marcadé, il n'a que faire
en la matière ; il ne s'agit point ici d'une question de
capacité, mais d'une question d'indisponibilité des biens.
Une partie des biens sont indisponibles à cause de la qualité d'époux qu'ont le testateur et le légataire.

Supposons même que Benech et son système aient raison. Mais alors que faire de 1099, ainsi conçu : « Les
» époux ne peuvent se donner au-delà de ce qui leur est
» permis par les dispositions *ci-dessus.* » Ou l'évidence
n'a plus de clarté, dit un auteur, ou il faut reconnaître
que, par ces mots, « les dispositions ci-dessus », la loi
vise et 1098 et 1094.

On répond à cet argument en disant qu'il constitue une

pétition de principe. On chercherait en vain cependant
dans tout le système Benech un texte même moins formel
que 1099.

III. — Travaux préparatoires.

Le système Benech tire des travaux préparatoires deux
principaux arguments qui lui paraissent décisifs.

1° L'art. 151 du projet de Code, qui réglait le disponible entre époux, était certainement une extension de
l'art. 16, réglant le disponible ordinaire. En effet, l'article 16 fixait invariablement le disponible ordinaire à $\frac{1}{3}$
ou $\frac{1}{4}$ en propriété, quel que fût le nombre des ascendants ou descendants ; tandis que l'art. 151 fixait le dis-
ponible entre époux à $\frac{1}{3}$ ou $\frac{1}{4}$ en propriété, plus $\frac{1}{3}$ ou $\frac{1}{4}$ en
usufruit. On voit par là que le projet permettait de don-
ner toujours à l'époux plus qu'aux étrangers (1). Or, dit
Benech, le rapport des articles 16 et 151 du projet est
le même entre les articles du Code 913 et 1094. En effet,
tandis que l'art. 16 (devenu 913-915 du Code) a été modifié considérablement, l'art. 151, au contraire, est resté
littéralement le même, en devenant 1094 : ainsi, on aug-
menta le disponible ordinaire en faveur de l'étranger et
on retrancha la réserve des collatéraux, mais on ne modifia pas 1094 dans le même sens. Des modifications de
l'art. 16 il est résulté que 913 et 1094 ne sont plus dans
le même rapport que les art. 16 et 151. Il n'est plus
vrai que le disponible entre époux soit toujours une
extension du disponible ordinaire et que cette extension
consiste dans l'octroi d'un disponible d'usufruit, égal au

(1) Fenet, 1, pp. 370, 392.

disponible de propriété ; car, quand il n'y a qu'un enfant, l'étranger a $\frac{1}{3}$ en propriété et l'époux n'a que $\frac{1}{4}$ en propriété, plus $\frac{1}{4}$ en usufruit.

Mais, ajoute Benech, l'art. 151 consacrait primitivement un disponible toujours supérieur au disponible ordinaire ; 1094 est l'exacte reproduction de l'art. 151 ; il doit avoir le même sens. Il est clair que le disponible entre époux a dû profiter de l'augmentation du disponible ordinaire, de manière à être au moins toujours égal à ce dernier, dans le cas où i ne peut plus lui être supérieur.

Voici comment Marcadé répond à cet argument, qu'il reconnaît être le plus spécieux du système : « Dans l'article 151 du projet Jacqueminot, on voulait donner à l'époux plus que ce qu'on donnait actuellement aux étrangers par l'art. 16, mais non pas plus que ce qui pourrait être accordé aux étrangers par tous changements ultérieurs. »

De la relation des art. 16 et 151 du projet, il résultait bien que le disponible entre époux devait toujours être supérieur au disponible ordinaire ; mais ce système supposait essentiellement cette circonstance, que le disponible ordinaire était toujours de $\frac{1}{4}$, quel que fût le nombre des enfants. Or, le disponible a été augmenté, tandis que le disponible entre époux est toujours resté le même : Le système du projet a donc été abandonné ; car personne n'osera soutenir qu'un rapport donné subsiste, quand un terme est changé. Les articles 16 et 151 ont coïncidé tout le temps qu'a duré le projet ; mais l'article 16 a disparu, et l'article 151, c'est-à-dire 1094, est resté seul, avec son sens littéral.

Les termes même de 1094 prouvent que la loi n'a pas entendu poser en principe que le disponible entre époux devait toujours dépasser le disponible ordinaire. Ce principe est vrai dans le § 1 de l'article, quand il y a des ascendants, mais dans le § 2, qui prévoit le cas où il y a des descendants, l'article ne se réfère plus au disponible ordinaire, comme dans le premier alinéa ; il ne s'exprime plus avec la même généralité ; il fixe le chiffre du disponible entre époux et rien de plus.

Enfin, lors même que la théorie de Benech serait fondée, les conséquences auxquelles elle mène la rendraient inacceptable. Voici comment il raisonne : 1094 a le même sens qu'avait l'art. 151 ; or cet art. 151 tirait son sens de sa combinaison avec l'art. 16. Donc 1094 se combinera avec l'ancien art. 16 (que l'on ressuscite pour les besoins de la cause). D'après l'art. 16, le disponible était de $\frac{1}{3}$ en propriété ; d'après 151, le disponible entre époux était de $\frac{1}{4}$ en propriété, plus $\frac{1}{4}$ en usufruit. Donc le principe est que le disponible entre époux est toujours égal et parfois supérieur au disponible ordinaire.

Cette déduction, peut-on dire, est incomplète, car si le rapport de 16-151 doit servir à interpréter 1094, le disponible entre époux doit non seulement être toujours égal, mais toujours supérieur au disponible ordinaire. Il résulte en outre du rapport des deux articles que le disponible entre époux devait, dans tous les cas, comprendre en propriété tout le disponible ordinaire, plus une valeur égale en usufruit, prise sur la réserve.

Ces déductions d'une logique rigoureuse, mais d'une

absurdité singulière, sont inavouées par les partisans du système Benech. Partant du principe qu'on pouvait donner à son conjoint *plus* qu'à un étranger, ils arrivent à conclure qu'on peut toujours lui laisser *autant*. Reculer devant les conséquences du système que l'on soutient, c'est lui reconnaître une bien médiocre valeur.

2° Le second argument, puisé dans les travaux préparatoires, est tiré d'une observation faite par Berlier, au conseil d'Etat, lors de la discussion de 1098 (176 du projet), relatif au disponible entre époux, lorsqu'il y a des enfants d'un premier lit. Le projet ne permettait dans ce cas de donner à son conjoint qu'une part d'enfant le moins prenant, et en usufruit seulement. Lors de la discussion, Cambacérès proposa que l'époux pût donner cette même part, mais en propriété : ce qui fut adopté. Alors Berlier fit observer qu'il serait bon de limiter à un quart de la succession cette part d'enfant parce que, si la règle de Cambacérès était adoptée dans son intégrité, « le nouvel époux pourrait, s'il n'y avait qu'un enfant ou « deux du premier mariage, et point du second, avoir, « en partageant avec eux, la $\frac{1}{2}$ ou le $\frac{1}{3}$ de la succession « en toute propriété (1). » Maleville, dans l'analyse de la discussion de 1098, reproduit, en l'approuvant, le motif qui fit adopter l'amendement Berlier. L'argument de Benech consiste à dire que si le conseil d'Etat restreignit au quart la part dont pourrait disposer l'époux convolant en faveur de son nouveau conjoint, c'est que, dans sa pensée, 1094 n'empêchait pas les époux de se donner

(1) Fenet, xii, pp. 416-417.

14

la $\frac{1}{2}$ ou le $\frac{1}{3}$ en propriété quand il n'y avait qu'un ou deux enfants. C'est seulement au cas d'un second mariage, quand le disposant a des enfants du premier lit, que le nouvel époux ne pourra avoir plus de $\frac{1}{4}$ des biens.

Cet argument repose sur une erreur manifeste d'interprétation. Les termes employés par Berlier ne prouvent pas en effet que, d'après 1094, l'époux, en concours avec des enfants communs, peut recevoir la $\frac{1}{2}$ ou le $\frac{1}{3}$ en propriété. Ce qui est exact, c'est que 1098 refuse à l'époux la faculté de donner à son conjoint $\frac{1}{2}$ ou $\frac{1}{3}$ en propriété et que, sans cet article, cette faculté eût existé. Mais ce que 1098 ne dit pas, c'est à quel époux et dans quel cas ce tiers ou cette moitié eussent pu être donnés, sans la restriction de 1098. Benech affirme que c'est à un premier époux, et quand il existe des enfants communs, que cette donation eût pu être faite. Mais c'est une grosse erreur. Les termes de Berlier et de Maleville supposent toujours qu'il y a un ou deux enfants du premier lit, et pas d'enfants communs, ce qui rend 1094 inapplicable; 1098 n'a donc que faire en la matière. Berlier et Maleville disent en effet : « S'il n'y avait qu'un enfant ou deux du premier mariage, et point du second, le nouvel époux pourrait, en partageant avec eux, avoir la $\frac{1}{3}$ ou le $\frac{1}{2}$ de la succession. » C'est donc quand il y aura un ou deux enfants du premier lit, et aucun du second, que le nouvel époux pourrait prendre cette moitié ou ce tiers. Donc, *à contrario*, ce résultat ne serait point possible s'il y avait des enfants communs; car alors, d'après 1094, l'époux nouveau, en face d'enfants communs, ne pourrait obtenir que $\frac{1}{4}$ en propriété plus $\frac{1}{4}$ en usufruit, ou seulement $\frac{1}{4}$ en propriété, s'il y avait en outre des enfants du premier lit.

Ce qui met d'ailleurs à néant ce second argument de nos adversaires, ce sont les propres paroles de Maleville, quand il prévoit divisément les trois cas d'application de 1094 : « Suivant notre article, dit-il, les époux peuvent » se donner tous leurs biens, quand ils n'ont ni enfants » ni ascendants, et cela est très juste ; mais de plus, ils » peuvent se donner, outre la portion disponible, l'usu- » fruit même de la légitime des ascendants ; et, s'ils lais- » sent des enfants, ils peuvent, à leur choix, se donner $\frac{1}{4}$ » en propriété et $\frac{1}{4}$ en usufruit, ou bien la $\frac{1}{3}$ de l'usufruit » de tous les biens. » Si Maleville avait été de l'opinion qu'on lui prête, il est naturel de penser qu'il eût au moins exprimé, sur le troisième cas, la faculté pour le *de cujus* d'opter entre le disponible ordinaire et le disponible entre époux.

Les travaux préparatoires ne prouvent donc pas plus, en faveur du système Benech, que la raison et les textes. Nous trouvons au contraire plusieurs arguments à l'appui de notre système dans l'historique de la rédaction de nos articles.

Après la communication officieuse de notre titre au Tribunat, celui-ci proposa formellement le changement du § 2 de 1094, relatif au disponible entre époux, quand il y a des enfants. Or, le Tribunat demandait précisé- ment que l'on admit le système adopté plus tard par Benech, c'est-à-dire que l'on permit à l'époux laissant des enfants communs, de donner à son conjoint en pro-

priété tout ce dont il peut disposer en faveur d'un étranger. Mais le conseil maintint dans sa teneur primitive le
texte de 1094, et le renvoya tel quel à la section, pour
lui être communiqué officiellement.

Qu'est-ce à dire, sinon que le système Benech, proposé
par le Tribunat, a été formellement rejeté par le Conseil?

Le tribun Jaubert, rapporteur de la section du Tribunat, est-il moins explicite quand il dit : « S'il reste des
» enfants, le survivant ne peut avoir que $\frac{1}{4}$ en propriété
» et $\frac{1}{4}$ en usufruit, ou une $\frac{1}{2}$ en usufruit seulement; et si
» la disposition excédait ces bornes, elle serait réduite pro-
» portionne'lement (1). » Bigot-Préameneu répète par deux
fois, dans l'exposé des motifs, que, lorsque l'époux laisse
des enfants, il ne peut disposer que de $\frac{1}{4}$ en propriété, etc.

Il est donc formellement avéré que 1094 organise un
disponible fixe.

Et plus loin, après avoir dit que l'affection conjugale
explique l'extension du disponible, au cas où il ne reste
que des ascendants, parceque l'esprit du *de cujus* se tourne
plutôt vers l'époux survivant que vers les ascendants,
Bigot-Préameneu ajoute que la même faveur n'a pas été
accordée au titre d'époux, quand il y a des descendants :
« Lors même que le *de cujus* se croit assuré, que le sur-
» vivant ferait de la fortune l'emploi le plus utile aux
» enfants, comme les devoirs de la paternité sont person-
» nels, et que l'époux donateur y manquerait, s'il les
» confiait à un autre, il ne pourra laisser à l'époux que
» $\frac{1}{4}$ des biens en propriété et $\frac{1}{4}$ en usufruit (2). » Et il

(1) Fenet, XII, p. 620.
(2) Fenet, XII, p. 572.

ajoute : « Après avoir ainsi *borné la faculté de disposer*, il
» ne restait plus..... »

Il ne nous reste plus qu'à conclure.

Disons donc qu'interpréter la loi, comme l'a fait Benech, c'est la refaire, et reconnaissons avec Marcadé qu'on
comprend à peine que le système Benech ait jamais pu
être présenté et soutenu.

§ 4. — *917 est-il applicable aux donations entre époux?*

Avant de réfuter le système Benech, nous avons déjà
abordé cette question, en examinant le rapport des articles du projet de Code avec les articles correspondants du
Code, et nous avons vu que ce principe, à savoir que la
nature de la libéralité ne fait pas varier le chiffre du
disponible, appliqué par le projet aux deux disponibles,
a été rejeté par le Code en ce qui concerne le disponible
ordinaire, accepté par lui en ce qui concerne le disponible
de 1094.

Nous n'admettons donc pas l'extension de 917 : par
conséquent, si un époux, ayant des enfants du mariage,
a donné à son conjoint une portion d'usufruit supérieure
à la moitié, les enfants pourront demander la réduction
de la donation ou du legs à cette moitié.

La question est très controversée : L'opinion contraire
à la nôtre est soutenue d'abord par les partisans du système Benech, qui admettent, dans l'espèce, que les enfants ne pourront se refuser au maintien de la libéralité
intégrale, sans abandonner le disponible en pleine pro-

priété. Elle est en outre partagée par certains jurisconsultes qui reconnaissent que 1094 est parfois restrictif du disponible ordinaire. Il est pourtant inconséquent d'admettre que 1094 peut être limitatif, quand la donation est de propriété, et qu'il ne saurait l'être limitatif, quand la donation est de propriété, et qu'il ne saurait l'être, quand elle est d'usufruit.

En effet, il est déraisonnable de soutenir que 1094, § 2 ne comporte pas la même solution que le § 1 du même article. Dans le système du projet, le disponible ordinaire était double, en ce sens qu'il pouvait indifféremment comprendre une certaine quotité soit en usufruit, soit en propriété; aussi toute donation qui excédait le disponible, y était-elle simplement réductible. L'art. 917 du Code a supprimé le disponible ordinaire d'usufruit; il n'y a donc plus qu'un seul disponible ordinaire.

D'autre part, l'art 151 qui établissait un double disponible entre époux, a été conservé intact, car 1094 ne produit mot pour mot 151. Donc, sous le Code, il y a un double disponible entre époux, l'un mixte, l'autre d'usufruit pur; et, quand une donation d'usufruit dépasse le disponible d'usufruit, elle y est simplement réductible.

De plus, admettre que 917 s'applique à 1094 c'est détruire l'option qu'offre ce dernier article et altérer son économie. En effet, si en présence d'une donation d'usufruit supérieure à ⅓, le donataire peut exiger ou l'exécution de la donation, ou l'abandon du disponible mixte, le disponible d'usufruit pur est supprimé, et le disponible mixte subsiste seul; car, si les héritiers transforment la donation, ils appliquent le disponible mixte, et, s'ils l'exécutent, telle quelle, ils n'appliquent pas le disponible d'usufruit pur. Donc, soutenir que 1094, se complète par 917, c'est rendre 1094 inapplicable.

La règle de 917 est cependant favorable au donataire, puisqu'elle aboutit à lui faire obtenir ou la disposition d'usufruit telle quelle, ou tout le disponible en propriété. On peut s'étonner de la différence qu'établit notre système entre les donations d'usufruit adressées à l'époux et celles faites à un étranger. Sans doute, mais il ne faut pas oublier que la loi avait le devoir de protéger les enfants. Précisément, parce que ces libéralités viagères semblent n'imposer aux enfants qu'une privation temporaire de revenu, l'époux disposant aurait été très-porté à en faire à son conjoint : il y avait là un danger que la loi devait prévoir et qu'elle a évité en ne permettant pas de compléter 1094 par 917 (1).

§ 5. — *De l'influence des termes employés par le disposant sur le chiffre du disponible.*

I. Si le donateur a légué, à son conjoint, *tout le disponible,* tout ce dont la loi lui permet de disposer, sans spécifier davantage, nous pensons qu'il a voulu faire une disposition aussi large que possible; et, au cas de trois enfants communs, l'époux donataire prendra, en conséquence, $\frac{1}{4}$ en propriété et $\frac{1}{4}$ en usufruit.

II. Si le de cujus a légué à son conjoint *ou le disponible*

(1) *Sic*, Marcadé, art. 1094. — Colm. de S., ɪv, nᵒ 274 *bis*, — Aubry et Rau, vɪɪ, § 689, p. 237. — Demol., vɪ, nᵒ 502. — Cass., 10 mars 1873. Toulouse, 20 déc. 1871.

mixte ou le disponible d'usufruit pur, sans indiquer à qui devrait appartenir l'option, nous pensons qu'elle appartient aux enfants débiteurs, conformément au Droit commun des art. 1022 et 1190 du code civil ; sauf indications contraires résultant de la physionomie générale de l'acte ou d'autres circonstances.

Quelques auteurs accordent l'option à l'époux ; d'autres déclarent qu'il y a là une question d'intention et de circonstances qu'il ne faut pas résoudre *à priori*, mais laisser à l'interprétation des juges du fait : ce qui n'est guère possible que lorsqu'il y a des preuves suffisantes de l'intention du donateur.

III. Enfin, quand l'époux lègue à son conjoint la quotité disponible d'usufruit, peut-il valablement le dispenser de l'obligation de fournir caution, non seulement pour la partie de la libéralité afférente au disponible ordinaire, mais pour celle qui porte sur la réserve? On allègue, pour l'affirmative que, d'après 601, tout usufruitier doit donner caution s'il n'en est dispensé par l'acte constitutif d'usufruit ; or, dans l'espèce, il en est dispensé.

De préférence, nous dirons que l'usufruitier n'est dispensé de donner caution que si la clause de dispense est valable. Or nous soutenons qu'elle est nulle. Elle porterait l'atteinte la plus grave aux droits des réservataires, l'époux donataire pouvant en fait anéantir leur nue propriété, en dégradant ou détruisant la chose soumise à l'usufruit.

Un système intermédiaire a été proposé par Marcadé (1). Il consiste à distinguer entre les biens qui auraient pu

(1) Sur l'art. 1094.

être donnés en pleine propriété au conjoint, et ceux dont la nue propriété rentre dans la réserve. La clause de dispense n'aurait d'efficacité, que pour l'usufruit qui porte sur les premiers biens.

CHAPITRE III

DU CONVOL DE LA VEUVE

Le convol n'est point par lui-même, sous l'empire du Code, une cause de modification du disponible entre époux. Ce résultat ne se produit que lorsque l'époux donateur a des enfants d'un lit précédent. En effet, la veuve sans enfants, qui se remarie, reste dans le droit commun et peut disposer de la quotité disponible de 1094 en faveur de son nouveau conjoint.

Le Code n'a pas reproduit la disposition du second chef de l'édit des secondes noces, calquée sur la constitution *Feminæ* : cette omission s'explique par la raison que le second chef contenait une substitution légale, et que le Code a, en principe, aboli les substitutions (article 896) ; en outre, le Code ne s'attache plus à l'origine des biens pour en régler l'attribution (art. 732). Le convol n'a donc plus d'influence aujourd'hui sur les libéralités que le convolant a reçues de son conjoint prédécédé, ni sur les avantages qu'il a recueillis *ab intestat* dans la succession de ce dernier. La loi a restreint seulement, dans l'intérêt des enfants du premier lit, les libéralités que le convolant pourrait faire à son nouveau conjoint.

Remarquons toutefois que le Code se montre plus sévère que l'édit pour la fixation du chiffre du disponible. Il ne se contente pas de limiter la part du nouveau conjoint à une part d'enfant; il défend que la part d'enfant puisse jamais s'élever au-dessus du $\frac{1}{4}$ des biens du donateur.

Section I. — Commentaire de 1098.

1098 est ainsi conçu :

« L'homme ou la femme qui, ayant des enfants d'un
» autre lit, contractera un second ou subséquent mariage,
» ne pourra donner à son nouvel époux qu'une part
» d'enfant légitime le moins prenant, et sans que, dans
» aucun cas, ces donations puissent excéder le quart des
» biens. »

Cet article apporte une triple restriction à la quotité disponible entre époux, fixée par 1094.

§ I. — *Le disponible n'est jamais que d'une part d'enfant.*

Pour que l'article s'applique, il suffit que le donateur ait un enfant du premier lit. La loi dit « *des enfants* », mais leur nombre n'est important à considérer que lorsqu'il s'agit de calculer le disponible. Ce terme d'*enfants* comprend aussi les petits-enfants issus d'un enfant prédécédé. Il en était ainsi sous l'édit des secondes noces, qui s'appliquait textuellement aux femmes veuves ayant enfants ou enfants de leurs enfants.

•Remarquons que l'article exige l'existence d'enfants d'un autre lit : il vise non-seulement le second mariage, mais tous les mariages subséquents. En outre, il faut que l'enfant d'un premier lit soit issu d'un mariage légitime, pour que la loi juge nécessaire de restreindre le disponible entre époux. L'enfant naturel légitimé ayant, en principe, les mêmes droits qu'un enfant légitime, donnerait ouverture à 1098. En serait-il de même de l'enfant adoptif ? La question est controversée. D'une part, on allègue que les termes de 1098 supposent nécessairement un mariage précédent et un nouvel époux, condition qui ne peut se rencontrer quand l'enfant est adoptif.

D'autre part, on soutient que l'enfant adoptif rentre bien dans l'application de 1098, puisque l'art. 350 confère à l'adopté sur la succession de l'adoptant les mêmes droits que ceux qu'ont les enfants légitimes.

Nous retrouverons tout à l'heure cette question.

La donation du conjoint remarié à son nouvel époux peut comprendre une part d'enfant, c'est-à-dire que l'époux est compté comme un enfant de plus. S'il y a cinq enfants, il pourra recevoir $\frac{1}{6}$. Il importe donc, pour calculer les droits de l'époux, de fixer le nombre des enfants.

On ne doit pas compter, selon nous, ceux qui sont renonçants ou indignes (arg* de 785) ; on ne compte que ceux qui succèdent au *de cujus*, mais on les compte tous, sans distinguer à quels lits ils appartiennent (art. 745). Il faut compter les descendants d'un enfant prédécédé, pour la part de l'enfant dont ils sont issus, quand ils se portent héritiers. Dans ce cas, la part de l'époux se cal-

culera sur celle des souches, car les petits-enfants viennent par représentation (art. 914).

Ce cas peut paraître délicat quand, tous les enfants
étant prédécédés et chacun ayant laissé des petits-enfants,
ceux-ci, au lieu d'user de la représentation, succèdent
par têtes et de leur chef, non par souches. La part de
l'époux se calculera-t-elle sur le nombre des enfants prédécédés, ou ne sera-t-elle qu'une part de petit-enfant?

La même question se posait dans notre ancien droit, à
cause des termes de l'Édit qui mettaient sur le même rang
les enfants et leurs descendants : nous avons alors admis
que la part de l'époux ne pourrait se calculer que sur le
nombre des enfants et non des petits-enfants. Ce n'est pas
quand le Code parle formellement d'une part d'enfant que
nous pourrions adopter la solution contraire. La question
est la même quand il y a des enfants indignes ou renonçants : il est très équitable que le prédécès ou le refus des
enfants du premier degré ne nuise pas à l'époux en le
faisant concourir avec des descendants plus nombreux.

Doit-on compter l'enfant adoptif ? Nous le pensons, en
présence des termes formels de 350. D'ailleurs, nos adversaires, en décidant qu'il ne doit pas compter dans le
calcul de la part de l'époux, créent une difficulté insolu-
ble, puisqu'il devient impossible de calculer la part d'enfant. Soit 4 enfants légitimes et un enfant adoptif. La part
de l'époux comptant pour un enfant de plus doit égaler
celle de l'enfant légitime le moins prenant. Il y a quatre
enfants légitimes, l'époux aura $\frac{1}{5}$; mais l'enfant adoptif
doit avoir part égale à celle des enfants légitimes;
or, il ne reste que $\frac{4}{5}$ pour cinq enfants. L'époux aura

donc, avec son $\frac{1}{3}$, plus que l'enfant légitime le moins prenant, ce qui est illégal.

Il faut donc décider que l'enfant adoptif doit être compté comme un enfant légitime.

§ 2. — *Le disponible n'est que de la part de l'enfant le moins prenant.*

Cette seconde restriction s'applique dans le cas où, par suite d'avantages faits dans la mesure légale, un ou plusieurs enfants reçoivent, outre leur réserve, une part du disponible ordinaire. C'est alors, sur la part de l'enfant qui prendra le moins dans la succession, que sera mesurée la part de l'époux; mais cette part ne sera jamais inférieure à la réserve de l'enfant.

On sait que, sous le Code, il n'y a plus de privilèges de masculinité ni de primogéniture, et que, par suite, l'égalité du partage de la succession *ab intestat* est devenue un principe fondamental de la loi moderne. Notre cause de restriction sera donc d'une application plus rare que dans l'ancien droit.

§ 3. — *Le disponible ne peut jamais excéder le quart de la succession du donateur.*

Nous savons que cette troisième restriction est due à un amendement du tribun Berlier, qui voulut éviter que le nouvel époux donataire pût prendre $\frac{1}{3}$ ou $\frac{1}{3}$ de la succession, au cas où il n'y avait qu'un ou deux enfants du lit précédent.

La règle que l'époux ne peut avoir qu'un quart des biens s'appliquera dans le cas où il y a moins de trois enfants; s'il y a plus de trois enfants, cette règle sera anéantie par cette autre, qu'il ne peut recevoir qu'une part d'enfant le moins prenant.

La part du nouvel époux ne peut donc jamais dépasser le quart des biens. Comment entendrons-nous cette règle au cas de plusieurs mariages subséquents, si l'on suppose plusieurs donations faites à chacun des nouveaux conjoints, alors que des enfants sont issus de chaque mariage? Le disponible de 1098 est-il un ou est-il multiple?

Trois explications différentes ont été proposées.

PREMIER SYSTÈME. — D'après Duranton (1), l'époux *de cujus* a pu donner à tous ses nouveaux conjoints, pris en bloc, le disponible de 913, tout en ne pouvant donner à chacun d'eux au-delà du disponible de 1098. Ce système est peu raisonnable; car l'esprit de 1098 est d'assujettir à un disponible spécial les époux nouveaux, que la loi considère comme plus dangereux que des étrangers pour les enfants du premier lit.

DEUXIÈME SYSTÈME. — Demante réfute le système de Duranton par les termes de 1098; en effet, dit-il (2) le premier système permet de donner à tous les époux nouveaux le disponible ordinaire, qui pourra dépasser le quart de la succession; or, ce résultat est formellement proscrit par 1098, qui dispose : « En aucun cas, ces donations ne

(1) IX, n° 801.
(2) IV, n° 278.

» pourront dépasser le quart des biens. » Donc, tous les
époux subséquents ne peuvent à eux tous recevoir plus
d'un quart. L'unique question, ajoute Demante, est de
savoir si les époux ne pourront recevoir à eux tous qu'une
part d'enfant le moins prenant, alors même qu'elle serait
inférieure à un quart, ou s'ils peuvent en ce cas recevoir
un quart. Mais Demante ne tranche pas la question. Ce
système s'appuie, d'ailleurs comme le premier, sur un
argument tiré du rapprochement des termes de l'Edit des
secondes noces et de 1098, et de l'opposition de la locu-
tion de l'Edit « à leurs nouveaux maris, » avec l'expression de 1098 « au nouvel époux. » Il suppose, en outre,
comme le premier système, que 1098 vise le cas où des
donations ont été faites à plusieurs conjoints subséquents.

Or, l'article prévoit uniquement le cas où des donations
ont été faites à un seul conjoint subséquent. C'est le sentiment des partisans du TROISIÈME SYSTÈME, qui est celui
que nous adoptons. 1098 ne vise aucunement notre question et la laisse intacte. Dès lors, c'est dans l'esprit de
la loi, dans l'exposé des motifs, que nous devons chercher la véritable pensée du législateur: « Le Code, dit
» Bigot-Préameneu, se référant à l'Edit de 1560, a main-
» tenu cette sage disposition. » Or, on convenait que,
sous le régime de l'Edit, tous les nouveaux conjoints ne
pouvaient recevoir à eux tous qu'une part d'enfant: c'est
aussi le système du Code. Si on avait voulu modifier l'ancien droit sur ce point, on trouverait trace de cette mani-
festation de volonté.

En tous cas, cette interprétation, à la différence des

deux premières, n'altère pas la protection dont la loi couvre les enfants des lits précédents (1).

Section II. Sanction de 1098.

La violation de 1098 donne naissance à une action en réduction. Nous devons étudier ici, comme nous l'avons fait pour l'ancien droit, par qui et au profit de qui il est procédé à la réduction.

§ 1. — *Qui peut exercer la réduction.*

L'action en réduction des libéralités faites au nouvel époux au-delà des limites de 1098 appartient essentiellement aux enfants du premier lit, en faveur desquels a été portée la triple restriction à la quotité disponible ordinaire. Ces enfants ou leurs descendants, si les premiers sont morts ou incapables au décès de l'époux remarié, doivent se porter héritiers.

La plupart des auteurs accordent le même droit aux enfants du lit subséquent, lorsque ceux du premier lit ne l'exercent pas. En faveur de cette opinion, on dit d'abord: Telle était notre ancienne jurisprudence, et il n'est pas naturel de penser que le Code, par son silence, ait voulu changer l'ancien état de choses. De plus, il est certain que les enfants du second lit peuvent profiter de l'action en réduction, une fois qu'elle a été exercée et qu'elle a

(1) Toullier, x, p. 882. — Marcadé, sur 1098, p. 205. — Boisson., § 576. — Demol, n° 572.

fait rentrer dans la succession l'excédant des biens donnés; mais, puisqu'ils ont le droit de profiter, ils doivent
avoir les moyens de le réaliser, c'est-à-dire l'action en
réduction; il ne faut donc pas laisser le droit des enfants du second lit à la discrétion de ceux du premier.
Comment, d'ailleurs, concilier le refus de l'action avec le
principe de l'égalité entre les enfants de tous les lits,
cohéritiers? Le système contraire ouvre, en outre, la porte
à des collusions fréquentes entre les enfants du premier
lit et l'époux donataire.

Dans un second système que nous adoptons, on refuse
l'action aux enfants du second lit, même quand ceux du
premier lit ne l'exercent pas. Et c'est avec raison. En
effet, il est naturel et logique que ceux, en faveur de
qui a été organisée une action, soient seuls à l'exercer.
D'ailleurs, l'article 1496 n'accorde l'action qu'aux enfants
du premier lit. Nos adversaires ont tort de conclure du
droit *de profit* au droit d'exercice de l'action : cet argument repose sur une hypothèse gratuite. Les deux droits
ne sont pas dans un rapport tellement intime que l'un
ne puisse aller sans l'autre; s'il est vrai que l'exercice
d'une action se conçoit difficilement sans le profit, le
profit se conçoit au contraire fort bien sans l'exercice. Les
enfants du second lit ont le droit de partager l'émolument de la réduction exercée; pour cela, ils ont une
action contre leurs cohéritiers, mais ils n'ont pas un droit
propre à demander la réduction parce que, sans la présence d'enfants du premier lit, ils devraient respecter les
libéralités qui n'entament point leur réserve héréditaire.
L'égalité sera, il est vrai, rompue au profit des enfants

15

du premier lit, puisqu'ils ont seuls l'exercice de l'action; mais cela vient de ce que 1098 a jugé ceux-ci dignes d'une protection spéciale, qu'il n'a nullement voulu accorder aux enfants communs, d'ailleurs protégés par 1094 : l'égalité du partage existe quand même.

Il est vrai que notre système peut donner lieu à des collusions entre l'époux donataire et les enfants du premier lit; mais ce n'est pas une raison pour rejeter le système : les magistrats jugeront s'il y a fraude et, dans ce cas, ils condamneront. La fraude sera d'ailleurs assez rare, car il faut supposer que les enfants du premier lit ont reçu de l'argent de l'époux, pour ne pas agir. Le seul fait de l'abstention des enfants ne saurait, en effet, constituer la fraude, car ils sont libres de renoncer à leur droit. L'action en réduction appartient donc exclusivement aux enfants du premier lit.

§ 2. — Qui peut profiter de la réduction ?

Proudhon a prétendu (1) que le profit de l'action devait être spécial aux enfants du premier lit.

L'unanimité des auteurs soutient au contraire que le profit de l'action est commun. Réserver, en effet, le profit aux enfants du premier lit, c'eût été porter une grave atteinte au principe de l'égalité entre les enfants d'un même auteur, et cela sans motif; car, s'il est juste que les enfants du premier lit ne souffrent point du convol de leur auteur, il ne l'est point qu'ils en profitent.

(1) *De l'usufruit*, t. 1, n° 347.

CHAPITRE IV

COMMUN AUX DEUX PRÉCÉDENTS.

Il ne nous reste plus qu'à étudier les règles de la réduction en cas d'excès sur le disponible, avec les distinctions nécessaires entre les libéralités faites à l'époux et celles faites à des étrangers ; nous examinerons aussi l'effet des dates. Disons tout d'abord que les règles que nous allons étudier s'appliquent tant aux donations faites à un premier époux qu'à celles faites à un nouvel époux, avec cette différence essentielle que la dernière ne doit jamais être supérieure à une part d'enfant le moins prenant, au maximum d'un quart.

Cette étude nous paraît être le complément nécessaire de notre travail ; mais, comme il nous serait difficile, pour ne pas dire impossible, d'aborder toutes les questions, nous nous bornerons à l'examen des principales, et surtout de celles qui présentent un intérêt pratique.

Section I. — Sanction commune à 1094 et 1098

La loi est sans doute favorable aux avantages volontaires entre époux, mais nous savons qu'elle en prévient l'excès par une restriction au disponible. Cette règle a sa sanction dans les art. 1099 et 1100.

L'art. 1099 est ainsi conçu :

« Les époux ne pourront se donner indirectement au-
» delà de ce qui leur est permis par les dispositions ci-
» dessus.

» Toute donation, ou déguisée, ou faite à personnes
» interposées, sera nulle. »

L'art. 1100 renferme des présomptions légales d'interposition de personnes; comme cet article rentre dans
l'application du § 2 de 1099, nous ne nous en occuperons
pas spécialement.

I. — L'art. 1099 s'applique-t-il à 1094 et à 1098, régit-
il les donations entre tous époux; ou bien ne s'applique-t-il qu'à 1098, ne régit-il que les donations faites à
un nouvel époux par celui qui a des enfants d'un précédent mariage?

On a soutenu que 1099 ne sanctionnait que ces dernières donations. Dans ce système, on s'appuie (1) sur la
proximité immédiate de 1099 et 1098, relatif aux secondes noces, 1099 semblant ne se référer qu'à 1098 par ces
mots: « aux dispositions ci-dessus. » On s'appuie en outre
sur 1100 qui répute interposés entre l'époux donateur et
l'autre époux les enfants que ce dernier aurait d'un précédent lit : d'où l'on a conclu que 1100 se plaçant dans le
cas de 1098 ne s'appliquait qu'à lui.

Il est facile de répondre que 1099 ne sanctionne pas seulement 1098, mais *les dispositions ci-dessus*: il se réfère
donc autant à 1094 qu'à 1098. Quant à l'art. 1100, il suppose le convol, non plus du donateur, mais du donataire;
il ne défend pas au nouvel époux de donner à l'époux re-

(1) Toullier, v, n. 881.

marié; il présume seulement l'interposition de personnes, quand la donation s'adresse ostensiblement à un enfant du premier lit de l'époux donataire, et évite ainsi que la réduction soit éludée.

II. — Une question plus grave et plus discutée est celle de savoir si 1099 contient une double sanction: l'une, pour les donations *ostensibles*, mais excessives, l'autre, pour les donations *dissimulées* (celles prévues par le deuxième alinéa); la réduction pour les premières, la nullité pour les secondes?

La difficulté naît à propos des donations déguisées ou par personnes interposées que 1099, § 2, semble déclarer nulles. Mais on s'accorde à reconnaître que les donations indirectes (1099 § 1) sont simplement réductibles au disponible, soit de 1094, soit de 1098. Donnons d'abord les principaux arguments proposés par nos adversaires.

Pour soutenir qu'il n'y a qu'une seule et même sanction pour toutes les sortes de libéralités, on dit que les libéralités *indirectes* sont un *genre* large dont les libéralités déguisées sous l'apparence d'un acte onéreux ou faites à personnes interposées sont les *espèces* : toute donation indirecte étant nécessairement ou déguisée ou faite à personnes interposées. On dit encore que 1099, en prononçant, dans son § 2, la nullité de ces dernières donations, n'entend les annuler que pour ce qui excède la quotité disponible; il ne fait que développer le § 1. On ajoute que le mot *nulle* est déjà employé dans ce sens restreint par l'article 911, qui déclare nulles des libéralités qui peuvent n'être que réductibles; on argumente aussi de l'article 918, qui ne soumet qu'à la réduction certaines

libéralités déguisées ; enfin, on invoque le premier chef
de l'édit des secondes noces, qui ne faisait aucune distinction entre les libéralités ostensibles et les libéralités
dissimulées (1).

Cette interprétation ne respecte ni les textes, ni les
principes. Il faut distinguer les libéralités indirectes
réductibles, et les libéralités déguisées ou par personnes
interposées, *nulles*. Il n'est pas exact que les libéralités
indirectes soient toujours déguisées sous l'apparence d'un
acte onéreux ou faites à personnes interposées; sans
doute, les libéralités dissimulées sont toutes indirectes,
mais la réciproque n'est pas vraie. « Selon nous, dit
» M. Boissonade, une libéralité indirecte est celle à
» laquelle ne peuvent s'appliquer ni la définition de
» l'article 894, ni les formes de l'article 931 : ainsi elle
» ne peut être imposée, mais elle n'a pas besoin d'être
» acceptée expressément; de même, c'est une libéralité,
» mais ce n'est pas un acte portant donation (2). » Cette
donation indirecte ne se cache point ; ainsi quand je
renonce à ma créance contre mon conjoint pour le libérer, quand je renonce à un legs auquel il est appelé concurremment avec moi, afin de le lui faire acquérir en
totalité, je ne dissimule rien ; je fais une libéralité osten-
sible, et indirecte, il est vrai, car elle n'est pas un acte
portant donation.

Il n'en est pas de même de celles qui se cachent sous

---

(1) Bugnet, sur Poth., nos 78-81. — Aubry et Rau, v, p. 624.
— Merville, *Rev. prat.*, xv, p. 74.
(2) P. 438.

la forme mensongère d'un contrat à titre onéreux ou qui s'adressent à des personnes interposées : par leur nature même, ces donations sont suspectes ; elles sont presque toujours le résultat de la suggestion ou de la captation ; on conçoit donc que la loi, dans l'intérêt des héritiers, les ait sanctionnées par une pénalité plus efficace que celle qu'elle attache aux donations ostensibles.

Nos adversaires traduisent les mots « donation nulle » de 1099 par « donation réductible ». Comme on l'a dit, cette traduction fantaisiste outrage le bon sens autant que la grammaire. En effet, le § 1 de 1099 déclare d'abord réductibles les donations indirectes, et, d'après le premier système, le § 2 viendrait dire : Les donations déguisées ou par personnes interposées sont nulles, c'est-à-dire réductibles. Ce raisonnement est absurde. Il est impossible qu'à deux lignes de distance la loi ait employé les deux mots *nulles* et *réductibles* dans un sens identique : d'autant plus impossible que le § 1 de 1099 était déjà inutile ; car le Code, ayant fixé une quotité disponible, il était bien entendu que tout excédant serait retranché ; si donc le Code s'en explique formellement, n'est-ce pas pour bien marquer la différence entre les libéralités ostensibles et les libéralités dissimulées ?

Quant à l'art. 911, c'est une véritable nullité qu'il édicte, et non une simple réduction : cet article a trait en effet à l'incapacité de recevoir dont la loi frappe certaines personnes dans les articles précédents. Il n'est donc pas exact de traduire nulle par réductible, et partant, on ne peut argumenter de 911 pour donner la même traduction dans 1099, § 2. L'époux n'est pas incapable de recevoir; un disponible spécial lui est affecté; si la donation excède le disponible, elle y est réductible. Mais ceci n'est vrai que des donations ordinaires et non des donations déguisées ou par personnes interposées, que la loi déclare nulles.

En outre, si la loi ne soumet qu'à la réduction certaines aliénations à fonds perdu, qu'elle présume déguiser une libéralité, c'est qu'elle craint moins l'abus de ces avantages, entre les personnes dont parle 918, qu'elle ne les craint entre époux.

Remarquons enfin que si l'édit des secondes noces n'adoptait pas expressément la distinction des libéralités ostensibles et des libéralités dissimulées, le Code n'en est pas moins explicite : et il faut sûrement décider que les premières sont réductibles, et que les secondes sont nulles (1).

Section II. — Du conflit de 1094 et 1098 avec 913 et 917.

Un époux peut-il donner à un étranger le disponible ordinaire et, en outre, à son conjoint, le disponible spécial ? Un arrêt de la cour d'Agen du 27 août 1810 (2) avait admis le cumul des deux disponibles, mais il est certain qu'ils ne peuvent jamais se cumuler. Autrement. on arriverait à réduire démesurément la réserve, et même à la faire descendre au-dessous de zéro, puisque,

(1) Marcadé, sur 1059. — Colmet de S., iv, n° 279 bis. — Demol., vi, n° 614.
(2) Sirey, 1811, 2, p. 112.

si l'on suppose des ascendants réservataires dans une seule ligne, l'époux donateur aurait pu donner à un étranger $\frac{2}{4}$ en propriété, et à son conjoint $\frac{3}{4}$ en propriété, plus $\frac{1}{4}$ en usufruit.

La doctrine et la jurisprudence sont unanimes pour rejeter le cumul absolu.

Le cumul est-il, du moins, possible en une certaine mesure? Oui, le concours des deux disponibles peut avoir lieu; tout le monde l'admet. Tout le monde reconnaît même certains principes qui sont la base de la discussion, mais dès qu'il s'agit d'en faire des applications à telle ou telle espèce donnée, les avis se partagent; chaque opinant a son système, chaque système, sa solution. Au milieu de ces difficultés, nous avons cru devoir adopter un système nouveau par certains côtés, mais qui a des points de contact avec les autres interprétations, système proposé par M. A. Morillot, dans son ouvrage déjà cité (3). Ce système nous paraît le plus satisfaisant, les arguments les plus probants, et les solutions, rationnelles. Nous le comparerons avec ses devanciers; mais auparavant, pour plus de clarté, nous exposerons celui que nous avons adopté.

§ I. — *Quatre principes, d'après M. Morillot, peuvent résoudre toutes les questions afférentes à la théorie du cumul partiel.*

PREMIER PRINCIPE. — Le disponible ordinaire est simple, est uniquement un disponible de propriété; au contraire,

(3) *De la Condition juridique de l'époux survivant*, Paris, 1872, pp. 543-622.

le disponible entre époux est double, comprend un élément de propriété et un élément d'usufruit. De là je conclus que le disponible entre époux est, quant à l'élément de propriété, de même nature que le disponible ordinaire, et ne peut jamais se cumuler avec lui. De là je conclus encore que l'élément d'usufruit du disponible entre époux a une tout autre nature que le disponible ordinaire, et se cumule nécessairement avec ce dernier; car l'impossibilité de l'imputation vient se traduire en la nécessité du cumul, et réciproquement.

Ainsi, impossibilité de jamais cumuler le disponible de 913 avec l'élément de propriété du disponible entre époux, et nécessité de cumuler ce disponible de 913 avec l'élément d'usufruit que comprend le disponible entre époux et qui constitue le seul vrai disponible spécial : tel nous paraît être le premier principe.

Il en résulte que tout cumul sera toujours impossible entre le disponible ordinaire et celui de l'art. 1098, puisque ce dernier ne contient aucun élément d'usufruit.

DEUXIÈME PRINCIPE. — Les deux éléments du disponible entre époux sont entre eux dans le rapport suivant : l'élément de propriété est l'élément ordinaire et principal; l'élément d'usufruit est l'élément spécial et accessoire. Le premier s'impute sur le crédit ordinaire de 913, fonds commun qui sert à payer tant les donations faites à des étrangers que celles faites à l'époux; le second se prend sur un crédit spécial, exclusivement ouvert à l'époux.

Donc l'époux ne peut disposer de l'élément d'usufruit, du crédit spécial, qu'après avoir épuisé le crédit ordinaire, l'élément de propriété, au moins en usufruit. En

autres termes, toute donation adressée à l'époux s'imputera d'abord sur le fonds commun de 913 ; c'est seulement quand ce fonds commun sera épuisé, ou quand la
donation faite à l'époux ne sera pas de nature à s'y
imputer, que l'imputation se fera sur le crédit spécial.

TROISIÈME PRINCIPE : L'étranger ne peut jamais rien
prendre sur le crédit spécial, en y imputant les libéralités à lui faites, ni profiter de ce qu'il existe en y
imputant les libéralités faites à l'époux, quand celles-ci se
pourraient imputer sur le fonds commun. Ce crédit spécial
est, quant à lui, réputé inexistant. L'époux seul en profite
pour y imputer les donations à lui faites , quand, à raison
soit de l'épuisement du crédit ordinaire, soit de la
nature de la disposition faite, l'imputation sur le crédit
ordinaire n'est plus possible.

QUATRIÈME PRINCIPE : L'un quelconque des deux donataires ne peut jamais, par suite du cumul, recevoir plus
que ce que le Code lui assigne ; sans quoi , soit 913, soit
1094, serait violé : cela est évident.

Tels sont les quatre principes.

§ 2. — *Application de ces principes à la théorie du cumul.*

Nous examinerons les principales hypothèses qui peuvent se présenter, pour voir comment l'époux donateur
a pu distribuer son double disponible. Nous supposerons
toujours que les libéralités ont des dates différentes.

1. — Il reste un seul enfant commun.

Dans ce cas, d'après le système que nous avons adopté
sur 1094, § 2, le disponible ordinaire est plus élevé que

l'élément de propriété du disponible entre époux. Ce dernier reste invariablement de $\frac{1}{4}$ en propriété, plus $\frac{1}{4}$ en usufruit, tandis que le disponible de 913 est de $\frac{1}{2}$ en propriété.

A. La donation est d'abord faite à l'époux.

Il recueille son disponible en entier, en imputant le $\frac{1}{4}$ de propriété sur le disponible ordinaire, et le $\frac{1}{4}$ d'usufruit sur le disponible spécial. L'étranger pourra donc recevoir $\frac{1}{4}$ de pleine propriété, que contient encore le disponible ordinaire.

Si la donation faite à l'époux n'était que de $\frac{1}{2}$ en usufruit, l'imputation se ferait pour le premier quart sur le disponible de 913, pour le second quart, sur le disponible spécial : ainsi l'époux pourrait encore recevoir par la suite $\frac{1}{4}$ en nue propriété, et l'étranger $\frac{1}{4}$ en propriété, plus $\frac{1}{4}$ en nue propriété, selon que l'époux aurait ou non déjà reçu une nouvelle donation de $\frac{1}{4}$ en nue propriété.

B. La donation est faite d'abord à l'étranger.

S'il a reçu $\frac{1}{2}$ en propriété, c'est-à-dire tout le disponible ordinaire, l'époux pourra ensuite recevoir $\frac{1}{4}$ en usufruit.

Si l'étranger a reçu $\frac{1}{4}$ en propriété plus $\frac{1}{4}$ en usufruit, l'époux pourra recevoir $\frac{1}{4}$ en nue propriété du disponible ordinaire, et en outre $\frac{1}{4}$ en usufruit.

Comme on le voit, ces règles sont toutes simples. Toutefois, il est facile de remarquer que les solutions que nous donnons violent 913, car elles entament la réserve des enfants : mais nous renvoyons, à la fin de l'exposé du système, la preuve de notre théorie.

II. — Il reste deux enfants communs.

Le disponible ordinaire est de $\frac{1}{3}$ en propriété : le disponible entre époux est toujours le même, en présence d'enfants. Ce second cas suit les règles précédentes.

A. La donation est faite d'abord à l'époux.

S'il a reçu tout son disponible, le $\frac{1}{4}$ de propriété s'imputera d'abord sur le disponible ordinaire, et le $\frac{1}{4}$ d'usufruit sur le disponible spécial. L'étranger pourra encore recevoir le reste du disponible ordinaire, ou $\frac{1}{12}$ de propriété.

Si l'époux a reçu $\frac{1}{2}$ en usufruit, l'imputation se fera comme dans le cas précédent et l'étranger pourra recevoir le reste du disponible ordinaire, c'est-à-dire $\frac{1}{12}$ de propriété et $\frac{3}{12}$ de nue propriété.

B. La donation est d'abord faite à l'étranger.

Si l'étranger a reçu $\frac{1}{3}$ en propriété, l'époux peut ensuite recevoir $\frac{1}{4}$ d'usufruit, c'est-à-dire le crédit spécial.

Si l'étranger a reçu moins que la quotité disponible, l'époux ou l'étranger peut ensuite recevoir le restant du crédit ordinaire pourvu, en ce qui concerne l'époux, que ce reliquat ne dépasse pas $\frac{1}{4}$, et l'époux peut toujours, en outre, recevoir le montant du crédit spécial.

III. — Il reste trois enfants communs ou plus.

Dans cette hypothèse, comme dans la suivante, le disponible ordinaire est égal à l'élément de propriété du disponible entre époux. Dans le cas présent, le disponible ordinaire est de $\frac{1}{4}$, et le disponible spécial est toujours de $\frac{1}{7}$ de propriété plus $\frac{1}{7}$ d'usufruit, portant sur la réserve.

A. La donation est d'abord faite à l'époux.

S'il a reçu tout le disponible, personne ne peut plus rien recevoir.

S'il a reçu $\frac{1}{4}$ en propriété, l'étranger ne peut plus rien recevoir, mais lui peut encore recevoir le crédit spécial.

S'il a reçu moins que $\frac{1}{4}$ de propriété, la donation s'impute toujours sur le crédit ordinaire, et ce qui reste peut ensuite être attribué à l'étranger ou à l'époux, qui, d'ailleurs, peut toujours recevoir le crédit spécial.

B. La donation est d'abord faite à l'étranger.

Elle diminue d'autant le crédit ordinaire, dont le reliquat, joint au crédit spécial, peut ensuite être attribué à l'époux.

IV. — Il reste des ascendants.

Le disponible ordinaire est de $\frac{1}{2}$ ou de $\frac{3}{4}$, selon qu'il y a des ascendants dans les deux lignes ou dans une seule ; et le disponible entre époux contient un élément de propriété, précisément égal au disponible ordinaire, et, en outre, un élément d'usufruit, qui comprend tout l'usufruit de la réserve. Nous supposerons qu'il y a des ascendants dans les deux lignes ; quand il n'y a qu'un seul ascendant, l'imputation s'opère d'après les mêmes règles.

A. La donation est d'abord faite à l'époux.

Si l'époux a reçu tout ce qu'il peut recevoir, ou même s'il n'a reçu que $\frac{1}{2}$ en propriété, l'étranger ne peut plus rien recevoir ; car, dans ce dernier cas, le crédit spécial est exclusivement réservé à l'époux.

Si l'époux a reçu moins que $\frac{1}{2}$ en propriété, cette donation s'imputera sur le crédit ordinaire, dont l'étranger pourra ensuite recevoir le reliquat ; l'époux pourra toujours recevoir le crédit spécial.

B. La donation est d'abord faite à l'étranger.

A-t-il reçu $\frac{1}{2}$ en propriété, l'époux ne peut plus recevoir que le crédit spécial.

Si l'étranger a reçu moins que le disponible ordinaire, le reliquat de ce disponible, et, en outre, le crédit spécial, pourront être attribués à l'époux.

§ 3. — *Application de ces principes à la théorie du cumul, compliquée de celle de la réduction.*

Quand les dispositions sont successives (nous avons jusqu'à présent supposé le contraire), comment les réduit-t-on ?

Remarquons tout d'abord que cette question se pose aussi bien sous 1098 que sous 1094. La question du cumul ne se posait que sous 1094 ; en effet, tout cumul était impossible pour le disponible de 1098, qui, n'offrant aucun élément d'usufruit, devait forcément s'imputer sur le disponible de 913. Au contraire, la donation, faite à un nouvel époux, peut être excessive, et par suite réductible, aussi bien que celle faite à un époux.

La question de la réduction n'offre pas de difficulté si les dispositions sont successives (§ 2, *supra*) ; car alors la première en date s'est imputée sur le disponible encore libre ; sur le disponible de 913, si c'était une donation à l'étranger, ou une donation à l'époux de nature à s'y imputer ; sur le crédit spécial, si c'était une donation à l'époux, et que cette imputation fût conforme aux principes. Il en résulte que la donation postérieure n'ayant pu s'imputer que sur le disponible, resté libre après cette première imputation, est simplement réduite en tant qu'elle dépasse ce reliquat.

Ainsi, aucun conflit d'imputation ne peut s'établir entre les libéralités successives ; on les réduit en remontant de la dernière aux plus anciennes, conformément à l'article 923.

Au contraire, si l'on suppose deux libéralités simultanées, deux legs, par exemple, renfermés dans le même testament, l'application de l'article 926, c'est-à-dire la réduction au marc le franc des deux libéralités, donnera naissance à des difficultés sérieuses, quand il faudra réduire à la fois la donation faite à l'époux et celle faite à l'étranger, et que toutes deux seront de nature à s'imputer sur le même disponible, celui de 913.

Comme, en ce cas, il se pourra faire que la mesure des deux libéralités ne soit point commune, parce que le disponible ordinaire ne coïncidera point avec l'élément de propriété du disponible de 1094, ou avec le disponible de 1098, il faudra trouver une commune mesure à deux dispositions qui n'en ont point.

I. — Conflit du disponible ordinaire avec le disponible de 1094.

A. Le disponible ordinaire est plus élevé que l'élément de propriété du disponible de 1094, ou que le disponible de 1098, ce qui suppose un ou deux descendants réservataires.

1° Le disponible ordinaire est de $\frac{1}{3}$.

Il ne peut être question de concours entre les deux libéralités sur le crédit spécial; relativement à ce crédit, la donation à l'époux est censée faite seule et ne redoute point le concours de l'autre; la réduction n'offre donc, en ce qui concerne ce crédit, aucune difficulté; mais ce concours entre les deux libéralités, qui n'a point lieu sur le crédit spécial, a lieu sur le disponible ordinaire. C'est, en effet, cette masse de $\frac{1}{3}$ qui doit suffire à payer tous les legs faits tant à l'étranger qu'à l'époux. Or, relativement à cette masse, les deux légataires ne sont plus dans une position identique, puisque l'étranger peut la recevoir tout entière, tandis que l'époux n'en peut recevoir que les $\frac{3}{4}$. Les droits que l'époux et l'étranger peuvent exercer sur cette masse sont donc dans le même rapport que 3 et 4.

Cela dit, supposons que l'époux a reçu un legs de $\frac{1}{4}$ en propriété, plus $\frac{1}{4}$ en usufruit, tandis que l'étranger en a reçu un de $\frac{1}{3}$ en propriété. Ces deux libéralités sont certainement excessives, puisque le total en dépasse la somme du disponible ordinaire et du crédit spécial, c'est-à-dire $\frac{5}{12}$ de propriété, plus $\frac{3}{12}$ d'usufruit. Il y a donc lieu à réduction : comment s'opèrera-t-elle?

La donation à l'époux est imputable, pour le quart de propriété, sur le disponible ordinaire, et pour le quart d'usufruit, sur le crédit spécial, qu'elle absorbe tout entier; d'où il suit que, pour le second quart, elle ne sera point réduite. La masse commune aux deux légataires n'est donc plus que de $\frac{5}{12}$ de propriété, et ces $\frac{5}{12}$ doi-

16

vent suffire à l'imputation de deux legs, l'un de $\frac{4}{13}$ de propriété, à l'étranger, l'autre de $\frac{3}{13}$ de propriété à l'époux.

Ces deux legs sont réductibles; mais il leur manque une commune mesure.

Va-t-on simplement diviser $\frac{1}{3}$ en sept parties, dont l'étranger prendrait 4, et l'époux 3? Cela est impossible, le legs à l'étranger pouvant seul porter sur tout le disponible de $\frac{1}{3}$, et l'époux, même légataire unique, ne pouvant prendre que les $\frac{3}{4}$ de ce disponible. Ce serait là, dans la limite de $\frac{4}{13}$, faire profiter l'époux d'un disponible qui n'est pas fait pour lui.

Cette masse de $\frac{4}{13}$, qui forme le disponible de 913, n'est donc commune que jusqu'à concurrence de $\frac{3}{13}$, somme que chacun des légataires pourrait recevoir s'il n'avait point à subir le concours de l'autre.

Donc $\frac{1}{13}$, qui forme l'excédant de ce que l'étranger pouvait recevoir sur ce qui pouvait être attribué à l'époux, qui constitue un petit crédit spécial à l'étranger, sera prélevé par ce dernier, qui, sur ce $\frac{1}{13}$, n'aura point à subir le concours de l'époux, pas plus que l'époux n'avait à subir celui de l'étranger sur le crédit spécial d'usufruit. L'étranger touche donc ce $\frac{1}{13}$, sans être réduit: ce qui fait descendre son legs à $\frac{3}{13}$. Alors l'époux et l'étranger légataires, à eux deux, de $\frac{6}{13}$, et chacun de $\frac{3}{13}$, se trouvent en présence de $\frac{3}{13}$, masse vraiment commune, affectée tout entière et dans chacune de ses parties au paiement des deux legs. Chaque légataire sera donc réduit de moitié,

et recevra $\frac{1}{13}$ et demi. En somme, l'époux recevra $\frac{3}{13}$ d'usufruit, plus $\frac{1}{13}$ et demi de propriété, et l'étranger $\frac{2}{13}$ et
demi de propriété.

Ainsi l'étranger se trouve, relativement à l'excédant du
disponible ordinaire sur l'élément de propriété du disponible entre époux, dans la même situation que l'époux,
relativement au crédit spécial, et l'étranger prélève cet excédant comme l'époux prélève le crédit spécial. L'excédant
n'est pas plus disponible à l'égard de l'époux que le crédit
spécial n'est disponible à l'égard de l'étranger.

2° Le disponible de 913 est de $\frac{1}{3}$.

On appliquera la même méthode que ci-dessus; car il
n'existe entre les deux hypothèses qu'une différence de
chiffres, non de principe.

B. Le disponible ordinaire est égal à l'élément de propriété du disponible de 1094, ce qui a lieu quand l'époux
de cujus laisse des ascendants ou des descendants réservataires, au nombre d'au moins trois.

Les choses sont fort simplifiées: il ne s'opère plus qu'un
seul prélèvement, celui du crédit spécial par l'époux, et
il n'y a plus aucun prélèvement effectué par l'étranger,
le disponible ordinaire étant précisément égal à l'élément
de propriété du disponible entre époux.

II. Conflit du disponible ordinaire avec le disponible
de 1098.

Ce conflit se règle très-simplement. Comme le disponible de 1098 ne contient pas de crédit spécial, il n'y aura
jamais lieu pour l'époux à le prélever, et une notable com-
plication sera, de la sorte, évitée. L'étranger aura sim-

plement à prélever l'excédant du disponible ordinaire sur le disponible de 1098, quand cet excédant existera.

Tel est le système proposé par M. Morillot, système qui n'est d'ailleurs que celui de Marcadé généralisé.

Reste à faire la preuve.

On fait une grave objection à notre système, et on dit : La réserve qu'organise 913 doit, dans tous les cas, rester intacte. Or, la réserve des enfants qui, d'après 913, doit être de $\frac{1}{2}$ ou des $\frac{2}{3}$, quand le disponible ordinaire est de $\frac{1}{2}$ ou de $\frac{1}{3}$, se trouve entamée, puisque le crédit spécial pourra venir se cumuler avec le disponible ordinaire, et portera nécessairement sur la réserve. Donc 913 est violé.

Cette objection ne prouve rien, d'après nous, car elle suppose que 913 forme la règle unique, ce qui n'est pas, car nous pensons au contraire que 1094 déroge spéciale-ment à 913.

En effet, s'il y a des ascendants, l'époux peut, d'après 1094, donner à son conjoint tout le disponible ordinaire de propriété, plus l'usufruit de toute la réserve des ascen-dants, alors que, d'après 913, cette réserve devrait être absolument intacte. Bien plus, s'il y a trois descendants au moins, le disponible de 913 est également dépassé, et la réserve des descendants diminuée d'une somme égale au crédit spécial.

Voilà deux cas où 1094 déroge à 913, en décidant que, le crédit spécial d'usufruit venant se cumuler avec le cré-dit ordinaire de propriété, la réserve sera diminuée, et le disponible de 913 dépassé. Et si, d'après les termes exprès de 1094, il en est toujours ainsi, quand le *de cujus* laisse des ascendants, s'il en est ainsi dans tous les cas où l'époux laisse trois descendants ou plus, pourquoi n'en serait-il pas de même quand il ne laisse qu'un ou deux descendants?

La réserve des descendants serait-elle plus sacrée que celle des ascendants? Non, évidemment, puisque la loi ne craint pas d'entamer la réserve des descendants, quand il y en a trois ou plus. Ou la réserve des descendants serait-elle plus inviolable quand il n'y a qu'un ou deux réservataires, cas où la part de chacun est plus forte que quand il en y a trois ou plus, cas où la réserve de chacun devient plus maigre? Cela est impossible.

Et M. Morillot conclut : Ce qui est vrai, c'est que les art. 913 et 1094 n'ont nullement prévu la question du cumul; que pas un article du Code ne soulève cette difficulté. L'art. 913 est donc purement relatif au cas où des libéralités ont été faites à des étrangers, tandis que les art. 1094 et 1098 visent exclusivement celui où des donations ont été faites à l'époux. Cela étant, et le conflit de ces articles venant à se produire, n'y a-t-il pas lieu de le régler scientifiquement, à l'aide des principes généraux du Code, et en généralisant les décisions partielles qu'il donne? Telle est la question. Ainsi posée, elle ne saurait faire doute.

1094 fixe le disponible entre époux à tout ou partie du disponible ordinaire, auquel viendra s'adjoindre tout ou partie de l'usufruit de la réserve, selon que le *de cujus* laisse des ascendants ou des descendants. La loi l'admet dans la plupart des cas, pourquoi changerait-elle d'avis quand il n'y a qu'un ou deux descendants?

Si les principes que nous avons admis, et qui forment

la base de la discussion, sont vrais pour tel et tel cas, comment seraient-ils faux quand il n'y a qu'un ou deux enfants?

Si donc notre système ne trouve aucun appui dans le texte, trait qui lui est commun avec tous les autres, il n'y trouve aucun obstacle sérieux, la question ayant échappé au législateur.

Donc 1094, au point de vue du cumul et de la réduction, est toujours extensif du disponible ordinaire, tandis que, au point de vue de la quotité disponible, du moins d'après nous, il est tantôt restrictif et tantôt extensif du disponible ordinaire.

Section III. — Interprétations différentes.

Ni la doctrine ni la jurisprudence n'ont encore produit de système d'ensemble. Voici les règles qui ont été formulées:

1° Le donataire ne peut jamais recevoir plus que son disponible propre.

Nous avons admis ce principe;

2° L'étranger ne doit jamais profiter du crédit spécial. Nous l'avons encore reconnu, mais non pas en ce sens que l'étranger, concourant avec l'époux, sera toujours censé concourir avec un étranger ayant le même droit que lui au disponible ordinaire; ce qui serait adopter le système Benech;

3° De quelque manière que les deux disponibles se combinent, le plus fort des deux peut toujours être atteint, mais jamais dépassé. Cette règle est fausse, car on l'entend en ce sens que, si le disponible ordinaire est de $\frac{1}{3}$ ou $\frac{1}{4}$, il ne pourra jamais être dépassé ni se cumuler avec le crédit spécial. Cette règle méconnaît donc l'unité de nature qui nécessite l'imputation du crédit ordinaire sur le disponible ordinaire, et la diversité de nature, qui nécessite le cumul du crédit spécial avec le disponible ordinaire. Cette règle est d'ailleurs très combattue.

4° Enfin Marcadé, le premier (1), mentionne ce principe que, toute disposition faite au profit de l'époux se doit imputer en première ligne sur le crédit ordinaire, et en seconde ligne seulement sur le crédit spécial. Marcadé reconnaît ce principe essentiel ; mais il néglige de lui donner toute la généralité qu'il comporte.

§ 1. — *Application de ces principes à la théorie du cumul.*

I. — Il n'y a qu'un enfant.

On admet qu'en ce cas, les donations seront valables, dans quelque ordre qu'elles interviennent, jusqu'à concurrence de $\frac{1}{4}$ en propriété, pourvu qu'elles n'excèdent pas les disponibles respectifs.

II. — Quand il y a deux enfants, le disponible ordinaire est de $\frac{1}{3}$; on admet la même solution jusqu'à concurrence de $\frac{1}{3}$.

Il peut arriver cependant qu'il reste encore quelque chose à donner à l'époux, même après l'épuisement du

(1) Art. 1100, II, n°° 362-375.

disponible ordinaire, si l'on suppose que la donation de $\frac{1}{3}$ est d'abord faite à l'étranger. Dans ce cas l'époux peut encore recevoir $\frac{1}{31}$ en propriété, qui sera nécessairement dans l'espèce $\frac{1}{13}$ en usufruit, si l'on évalue l'usufruit à la moitié de la propriété, d'après le système de la loi d'enregistrement du 22 frimaire an VII (art. 14-15), système admis par un arrêt de la Cour d'Amiens, du 5 mars 1810, depuis adopté par la jurisprudence, mais repoussé par tous les auteurs. Ce système arbitraire ne peut non plus nous convenir, et, quoique nous l'ayons employé dans l'exposé de cette théorie, il est bien entendu que nous le rejetons absolument en pratique. Nous pensons que toute question d'évaluation d'usufruit, en dehors des matières fiscales, doit être laissée à l'appréciation du juge, qui se décidera en tenant compte des chances de durée de l'usufruit, c'est-à-dire de l'âge et de la santé de l'usufruitier.

Quoi qu'il en soit, il est facile de voir que les solutions de nos adversaires sur les deux premières questions sont bien différentes des nôtres.

III. — Il y a des ascendants, ou trois enfants au moins. — Dans ces cas, le disponible ordinaire est égal à l'élément de propriété du disponible de 1094.

A. La donation est d'abord faite à l'étranger.

S'il a reçu tout le disponible ordinaire, on reconnaît généralement que l'époux peut ensuite recevoir le crédit spécial. Car, dit-on, le plus fort disponible n'est pas dépassé ; aucun donataire n'a reçu plus qu'il ne pourrait recevoir, s'il était seul, et le crédit spécial est réservé à l'époux.

Remarquons que la règle, d'après laquelle le plus
fort des deux disponibles ne peut être dépassé, fausse
tout à l'heure quand le disponible ordinaire était supérieur à l'élément de propriété du disponible de 1094,
devient vraie ici, parce que ce disponible et cet élément
sont égaux, et s'imputent l'un sur l'autre. Cette solution
n'est qu'une application des termes de 1094.

B. Les deux donations ont été simultanées.

Et d'abord, la Cour suprême n'admet pas que deux
libéralités puissent être simultanées (1). D'après elle,
la première inscrite dans l'acte est réputée la première
en date. Nous pensons au contraire qu'un acte est un,
et qu'on ne peut le scinder pour faire dépendre du
hasard de la rédaction le rang de chaque libéralité.

Le système admis par la plupart des auteurs consiste
à déclarer non réductibles et valables pour le tout les
deux libéralités simultanées, quand l'étranger ne reçoit
que le disponible ordinaire, et l'époux, le crédit
spécial. Les règles sont, dit-on, respectées de cette façon.
Sans doute, si la donation faite à l'époux était la première, elle s'imputerait sur le disponible ordinaire, et
celle faite à l'étranger serait réduite : mais elle n'est pas
la première, et cela suffit pour qu'elle s'impute sur le
crédit spécial.

Nous repoussons cette solution : car, en admettant que
la donation faite à l'époux ne s'impute que sur le crédit
spécial, tant que le disponible ordinaire est libre, on
fait réellement et indûment profiter l'étranger du crédit

(1) 9 nov. 1846, Dev. 1847, 1, 801.

spécial, puisque, de cette façon, il évite la réduction.

Nous pensons donc que, la donation de l'époux étant de nature à s'imputer sur le crédit ordinaire, les deux libéralités sont réductibles au marc le franc, selon 926, quand elles sont simultanées.

C. La donation, irrévocable, faite à l'époux, est intervenue la première.

Deux hypothèses sont généralement prévues et ont donné naissance à quatre systèmes différents : *premier cas*, on suppose que l'époux a reçu d'abord $\frac{1}{4}$ en usufruit, puis l'étranger $\frac{1}{4}$ en nue propriété ; *deuxième cas*, on suppose que l'époux a reçu d'abord $\frac{1}{4}$ en propriété, puis l'étranger $\frac{1}{4}$ en usufruit. — Le disponible ordinaire est censé être, dans ces deux cas, de $\frac{1}{4}$ de propriété, et celui de 1094, de $\frac{1}{4}$ en propriété plus $\frac{1}{4}$ en usufruit. Aucun des deux donataires, dans les deux hypothèses, n'a reçu plus qu'il ne pourrait recevoir, s'il était seul, et la somme des libéralités n'excède pas le plus fort disponible.

PREMIER SYSTÈME. — Dans le premier cas, d'après nous, les deux libéralités sont valables; car la donation à l'époux s'impute pour le premier quart d'usufruit sur le disponible ordinaire, et pour le second, sur le crédit spécial : le disponible ordinaire étant épuisé quant à l'usufruit.

Dans le second cas, la donation de $\frac{1}{4}$ de propriété à l'époux est valable, mais elle s'impute sur le disponible ordinaire qu'elle absorbe. La libéralité postérieure, faite à l'étranger, est donc réduite à néant, ne pouvant d'ailleurs s'imputer sur le crédit spécial. Dans l'espèce, on peut se servir d'un *criterium* infaillible, à savoir : si l'article 1094 n'existait pas, la donation de $\frac{1}{3}$ d'usufruit faite à l'étranger, quand $\frac{1}{4}$ de propriété est déjà donné à l'époux, ne serait pas valable. C'est le système de Marcadé (1).

DEUXIÈME SYSTÈME. — Les deux libéralités sont valables dans les deux cas, d'après MM. Aubry et Rau (2). Ils soutiennent que, quand la somme des libéralités ne dépasse pas le plus fort des deux disponibles, et qu'aucun des deux donataires n'a reçu plus qu'il ne pourrait recevoir, s'il était seul, il n'y a jamais lieu à réduction. D'après ces éminents auteurs, l'élément d'usufruit de 1094 peut être toujours imputé sur le disponible ordinaire; il n'est pas exclusivement réservé à l'époux; ils nient encore que toute donation à l'époux se doive imputer d'abord sur le disponible ordinaire. Il est évident que, si les principes que nous avons admis sont vrais, ce système ne peut se soutenir.

TROISIÈME SYSTÈME. — La cour de cassation admet que, dans les deux cas précités, la donation à l'étranger sera inutile. Les arrêts de la cour suprême (3) n'admettent donc notre solution (V. *suprà*, premier système), que pour le second cas. Pour justifier son système, dans le premier cas, la cour est obligée de dénaturer au moins fictivement la donation de $\frac{1}{3}$ d'usufruit à l'époux pour la

(1) *Sic*, Cour de Lyon, 10 févr. 1836. — Marcadé, sur 1100, n° 2. — Boisson., p. 450 et s.

(2) V, p. 615 et s.

(3) Cass., 7 janv. 1824, 21 mars 1837, 24 juillet 1839, 22 nov. 1843. — Toulouse, 20 déc. 1871. — Cass., 1er mai 1876.

transformer en donation de $\frac{1}{4}$ de propriété, d'après l'évaluation faite par la loi de frimaire; employer une autre évaluation, ce serait, d'après la Cour, faire profiter l'étranger du crédit spécial.

Cette décision de la cour a été justement critiquée, car, outre que l'estimation de l'usufruit doit être évitée autant que possible (argument de 917), le résultat qu'elle craint ne peut se produire. L'étranger profiterait sans doute du crédit spécial si l'imputation de la donation à l'époux se faisait sur ce crédit, alors que le fonds commun contiendrait encore de l'usufruit; mais il est évident que, dès qu'on y a imputé la donation à l'époux pour le premier quart, le fonds commun ne contient plus d'usufruit; dès lors, il est indispensable d'imputer le second quart d'usufruit sur le crédit spécial : d'où il résulte que la donation de $\frac{1}{4}$ en nue propriété à l'étranger est valable. Donc le système de la cour doit être repoussé, car il restreint le disponible outre mesure et contre la légitime volonté du disposant.

QUATRIÈME SYSTÈME. — M. Demolombe, qui critique de toutes ses forces le système précédent, admet les mêmes solutions que nous dans les deux cas prévus, mais il n'obtient ces résultats qu'à l'aide de raisonnements dont nous contestons la valeur. D'après cet illustre auteur, on ne doit pas s'attacher à l'ordre chronologique des libéralités; les deux donations seront toujours valables, quel qu'en soit l'ordre, quand leur somme n'excédera pas le disponible le plus fort, quand chaque donataire n'aura reçu que ce qu'il pourrait recevoir, s'il était seul, et quand le crédit spécial sera attribué à l'époux. Ces principes nous paraissent dangereux et on sait qu'ils sont en contradiction avec les nôtres.

Au surplus, M. Demolombe nie que toute donation à l'époux se doive imputer en première ligne sur le disponible ordinaire, et subsidiairement sur le crédit spécial ; il pense au contraire que toute donation d'usufruit pur faite à l'époux s'impute d'abord sur le crédit spécial et en second lieu sur le disponible ordinaire. Il admet donc qu'il y a cumul toutes les fois que l'époux a reçu de l'usufruit. Il en résulte que ce système et le nôtre n'aboutissent à la même solution que dans un cas unique, celui où la donation à l'époux comprend tout l'usufruit du disponible ordinaire plus tout l'usufruit du crédit spécial. Mais la divergence des deux systèmes est formelle, dès que la donation d'usufruit à l'époux est moindre que la somme des deux crédits (1).

Enfin Benech et, après lui, M. Valette (2) ont soutenu que lorsque les libéralités n'ont pas la même date, et que celle faite à l'époux est intervenue la première, cette donation doit s'imputer d'abord sur ce dont le disponible spécial excède le disponible ordinaire. Sinon, l'époux donateur se trouvera dans l'alternative ou de renoncer à donner à son conjoint, pour réserver aux enfants à naître le disponible ordinaire, ou bien de se priver du plus puissant ressort de l'autorité paternelle, si, faisant une donation à son conjoint, il ne lui reste plus rien à donner aux enfants pour les récompenser ou les maintenir dans le devoir.

(1) Demol., vi, n° 547.
(2) Benech, *op. cit.*, p. 404 et s. — Valette, le *Droit* du 11 mars 1846.

On peut répondre à ces considérations, d'abord que la puissance paternelle n'est pas plus sacrifiée par l'imputation sur le disponible ordinaire du don fait à l'époux, qu'elle ne le serait si la loi n'avait pas augmenté ce disponible en faveur de l'époux. Si la loi a augmenté le disponible entre époux dans certains cas, ce n'est pas pour laisser au donateur le moyen de punir ou de récompenser ses enfants, mais bien pour favoriser l'époux. En outre, si le donateur ne veut pas donner le premier rang à son conjoint dans ses libéralités, il n'a qu'à restreindre provisoirement le montant de la donation, de manière à conserver une partie du disponible ordinaire pour ses enfants.

Bien plus, comme, d'après 1091, les époux peuvent se faire telle donation qu'ils jugent à propos, nous admettons que le disposant pourrait d'abord faire à son conjoint, même par contrat de mariage, une donation soumise à la condition qu'il ne disposerait pas autrement dans la suite; ce serait une des conditions potestatives expressément autorisées par l'art. 1086. Si plus tard, le donateur disposait pour ses enfants, l'époux perdrait le premier rang, mais le crédit spécial d'usufruit lui serait toujours réservé.

Que si la donation faite d'abord à l'époux l'avait été pendant le mariage, sa facile révocabilité permettrait toujours au donateur de retirer le premier rang à l'époux pour le donner aux enfants et d'attribuer ensuite à l'époux l'augmentation de disponible créée à son profit.

D'après l'exposé de ces différents systèmes, il est facile d'établir les solutions auxquelles ils conduisent, suivant que l'on se place dans le cas où le disponible ordinaire est supérieur à l'élément de propriété du disponible de 1094, ou dans le cas où cet élément de propriété est égal au disponible ordinaire.

En résumé, d'après notre système, quand l'époux a reçu d'abord $\frac{1}{3}$ d'usufruit, et que plus tard l'étranger a reçu $\frac{1}{4}$ de propriété, si nous supposons 1° que le disponible ordinaire est de $\frac{1}{3}$ et le disponible entre époux de $\frac{1}{4}$ en propriété plus $\frac{1}{4}$ en usufruit, la donation de $\frac{1}{3}$ d'usufruit à l'époux s'imputera pour un quart sur le disponible ordinaire, et pour l'autre quart, sur le crédit spécial. Sans doute, il reste encore de l'usufruit dans le disponible ordinaire, mais le crédit spécial diffère de nature avec le disponible ordinaire; il ne saurait donc s'imputer sur lui. D'où il résulte que l'étranger légataire de $\frac{1}{4}$ en propriété, dans l'espèce, recevra tout son legs, puisque le disponible ordinaire n'est diminué que de $\frac{1}{4}$ d'usufruit, et que même $\frac{1}{4}$ de nue propriété restera encore libre sur le disponible ordinaire, au profit de l'un ou de l'autre des donataires; 2° en supposant le disponible ordinaire de $\frac{1}{3}$, le disponible entre époux étant toujours le même, la donation de $\frac{1}{3}$ d'usufruit à l'époux s'imputera pour $\frac{1}{4}$ ou $\frac{3}{13}$ sur le disponible ordinaire, et pour $\frac{3}{13}$ sur le crédit spécial, qu'elle absorbera. La donation de $\frac{1}{4}$ en propriété à l'étranger s'imputera sur ce qui reste du disponible ordinaire; 3° si nous supposons que le disponible ordinaire est égal à l'élément de propriété du disponible de 1094, quand il y a trois enfants au moins, la donation de $\frac{1}{3}$ d'usufruit à l'époux s'imputera moitié sur le disponible ordinaire qui est de $\frac{1}{3}$, et moitié sur le crédit spécial. La donation à l'étranger ne vaudra donc que pour la nue propriété qui reste libre. On aurait le même résultat si on se plaçait au cas où, au lieu de trois enfants, il y a des ascendants.

Rappelons en terminant que le cumul du disponible ordinaire avec celui de 1098 ne se produit jamais, ce dernier disponible ne contenant pas d'élément spécial d'usufruit. Ce disponible est simplement une partie du disponible ordinaire, auquel il est tantôt inférieur, tantôt égal, et sur lequel il s'impute toujours.

§ 2. — *Application de ces principes à la théorie du cumul, compliquée de celle de la réduction.*

Quand les libéralités ont la même date, et que leur somme excède le plus fort disponible, comment doit-on procéder à la réduction ?

Cette question a donné lieu à trois systèmes différents :

PREMIER SYSTÈME : — Toullier (1) enseigna d'abord que les deux legs doivent être réduits proportionnellement d'après *le plus fort* disponible. Ce système, qui faisait profiter du plus fort disponible celui des donataires qui n'avait droit qu'au plus faible, est inadmissible.

DEUXIÈME SYSTÈME : — Delvincourt (2) proposa de sou-

(1) Toullier, v, n° 872. — Troplong, n° 2617. — Aubry et Rau, § 689.
(2) T. 2, p. 223.

mettre les legs à la réduction proportionnelle, d'après le disponible *le plus faible*, puis d'attribuer l'excédant au légataire qui a droit au disponible le plus fort. Le principe de ce système est exact : mais le résultat auquel il conduit est d'attribuer trop peu au légataire du plus faible disponible : c'est l'opposé du système Toullier. En effet, après avoir fait concourir les deux légataires sur le plus faible disponible, chacun pour toute la donation, Delvincourt fait encore prendre exclusivement, par le légataire appelé à la plus forte quotité, ce qui reste disponible d'après cette quotité. Il aurait dû attribuer d'abord, et par le moyen d'un prélèvement, l'écart entre les deux disponibles au légataire du plus fort disponible, et imputer ensuite sur le plus faible le legs diminué d'autant concurremment avec l'autre legs.

TROISIÈME SYSTÈME : — Dans le système de Marcadé (1), en effet, l'époux commence provisoirement par prélever le crédit spécial, en y imputant la partie de son legs qui correspond à ce crédit. Puis l'étranger prélève, s'il y a lieu, l'excédant du disponible ordinaire sur l'élément de propriété du disponible entre époux, en y imputant également une partie correspondante de sa donation. Quand ces premiers prélèvements ont été opérés, la masse commune est constituée et les legs, ainsi réduits, s'imputent au marc le franc sur le plus faible disponible. C'est le système que nous avons adopté : il nous paraît seul exact

(1) Sur 1100, n° IV. — M. Demolombe admet à peu près le système de Marcadé, mais il évite de se prononcer d'une manière générale (n° 540). — Comp. Boisson., pp. 463 et 468-170.

17

et conforme au principe que l'augmentation de disponible ne doit profiter qu'au légataire en faveur duquel elle est établie.

Plaçons-nous dans l'hypothèse où l'étranger a reçu tout le disponible ordinaire et le conjoint, tout le disponible entre époux. Le cumul des deux quotités donne lieu à réduction, bien que chaque donataire n'ait reçu que son disponible propre.

I. Il y a trois enfants communs: Le disponible ordinaire est de $\frac{1}{4}$, le disponible entre époux de $\frac{1}{4}$ en propriété plus $\frac{1}{4}$ en usufruit, ou $\frac{15}{40}$, plus fort disponible. Dans le système Toullier, le legs de l'époux valant un quart et demi, si l'on évalue l'usufruit à la moitié de la propriété, il se trouve que le testateur a donné en tout deux quarts et demi; il y a donc pour l'étranger excès des $\frac{3}{5}$ des biens donnés, et pour l'époux excès des $\frac{2}{5}$. Toullier, opérant comme si, pour les deux legs, l'excès n'était que de $\frac{2}{5}$, laisse à chacun $\frac{3}{5}$ de ce qu'il a reçu, à l'étranger $\frac{6}{40}$, à l'époux $\frac{9}{40}$.

Dans le système de Delvincourt, on retranche à chaque légataire $\frac{2}{5}$ de ce qu'il a reçu : l'étranger aura donc seulement $\frac{4}{10}$ et l'époux $\frac{6}{10}$; puis celui-ci prendra en sus le demi-quart qui lui revient, c'est-à-dire $\frac{5}{10}$.

Dans le système de Marcadé, on réduit comme si $\frac{1}{4}$ seulement était disponible, et comme si le legs fait à l'époux n'était que de $\frac{1}{4}$ comme celui fait à l'étranger; chaque légataire aura donc un demi-quart, $\frac{5}{40}$: puis l'époux prendra son excédant de disponible propre, un demi-quart. Ainsi l'étranger aura $\frac{5}{40}$ et l'époux $\frac{10}{40}$.

Nous aurions les mêmes solutions au cas où il y aurait des ascendants réservataires.

II. Il n'y a qu'un enfant commun. — L'étranger a reçu le disponible de 913, $\frac{1}{3}$, et l'époux, celui de 1094, $\frac{1}{4}$ en propriété plus $\frac{1}{4}$ en usufruit.

Dans le système Toullier, les deux legs s'imputeront sur le plus fort disponible, qui est de $\frac{4}{8}$, celui de l'époux n'étant que de $\frac{3}{8}$: l'étranger aura $\frac{4}{7}$ du plus fort disponible, et l'époux $\frac{3}{7}$.

Dans le système Delvincourt, les deux legs, évalués de même, s'imputeront sur le disponible le plus faible, qui est de $\frac{3}{8}$, dont l'étranger prendra les $\frac{4}{7}$ et l'époux $\frac{3}{7}$, puis l'étranger prendra seul le $\frac{1}{8}$ qui reste dans le plus fort disponible.

Dans notre système, l'époux prélèvera d'abord le crédit spécial, $\frac{1}{4}$ d'usufruit ; puis l'étranger prélèvera de son côté l'excédant du plus fort disponible sur l'élément de propriété du disponible de 1094, soit $\frac{1}{4}$ en propriété : de cette façon les deux legs se trouvent réduits chacun à $\frac{1}{4}$ de propriété; ils s'imputeront alors au marc le franc sur le plus faible disponible de propriété, $\frac{1}{4}$, de telle sorte que chacun subira une réduction de moitié.

III. Il y a un enfant d'un premier lit. — Dans ce cas, le disponible ordinaire, $\frac{1}{3}$, est supérieur au disponible de 1098, qui est toujours de $\frac{1}{4}$: l'étranger a donc reçu $\frac{1}{3}$ de propriété, et le nouvel époux $\frac{1}{4}$.

Dans le système Toullier, les deux legs s'imputent sur le grand disponible, dont l'étranger prend les $\frac{2}{3}$ et l'époux $\frac{1}{3}$.

Dans le système Delvincourt, ils s'imputent sur le plus faible disponible : ce qui donne à chacun un demi-quart ; puis l'étranger prend l'autre quart, qui est l'excédant du disponible le plus fort sur le plus faible.

D'après nous, l'étranger prélève d'abord $\frac{1}{4}$, puis, les deux legs étant devenus égaux, ils s'imputent au marc le franc sur le plus faible disponible et sont réduits de moitié.

Il est facile de voir que, quand il s'agit du disponible de 1098, il ne peut être question que d'un prélèvement, celui de la différence entre les deux disponibles.

Nous voici arrivé à la fin de notre travail ! Si l'on veut bien, après le chemin parcouru, récapituler toutes les difficultés d'ensemble et de détail que nous avons rencontrées, se souvenir et se convaincre des réformes importantes que nécessite la matière, et que nous avons étudiées, on nous pardonnera plus volontiers d'avoir employé nos jeunes forces à l'accomplissement d'une tâche aussi difficile : du moins, l'avons-nous entreprise avec courage.

POSITIONS

DROIT ROMAIN.

I. — La *novatio* ne pouvait s'effectuer *re*, ou par changement d'objet, à l'époque classique.

II. — La *coemptio* n'était pas possible quand la femme était *alieni juris*.

III. — Lorsque deux époux mouraient dans le même évènement, sans qu'il fût possible de savoir lequel des deux avait survécu, il n'existait pas de présomption légale pour les époux, comme il en existait pour les ascendants et les descendants. Dans ce cas, la difficulté devait se résoudre par les principes généraux.

IV. — Pour savoir si l'émancipé, auquel les actions ont été enlevées pour refus de *collatio*, peut reprendre les avantages de la *bonorum possessio*, il faut distinguer s'il se trouve encore ou non, quand il offre la *cautio*, dans les délais fixés pour demander la *bonorum possessio*.

V. — Le *de cujus* laisse en mourant deux fils : *Primus*, sous puissance, qu'il institue pour trois-quarts, et *Secundus*, émancipé, qu'il a omis dans son testament. Il a institué un étranger pour le dernier quart. Dans ce cas, l'émancipé, qui obtient la *bonorum possessio*, ne devra *collatio* que d'un quart.

ANCIEN DROIT FRANÇAIS.

I. — La communauté a son origine dans le droit germanique.

II. — Le douaire est devenu légal ou coutumier dès le VIIIe ou le IXe siècle.

DROIT FRANÇAIS ACTUEL.

I. — L'interdit peut tester dans un intervalle lucide.

II. — La femme peut être, *manu militari*, forcée de réintégrer le domicile conjugal.

III. — La reconnaissance d'un enfant naturel dans un testament authentique est révocable.

IV. — En matière de transaction, la preuve testimoniale n'est pas admissible, lors même qu'il existe un commencement de preuve par écrit.

V. — La loi française devrait, à l'exemple de la loi belge, supprimer l'hypothèque résultant d'un jugement.

VI. — Quand le défunt a laissé un ascendant, autre que le père ou la mère, un frère et un légataire universel, l'ascendant ne pourra faire réduire le legs, que s'il est appelé à la succession par suite de la renonciation faite, *de bonne foi*, par le frère.

VII. — L'aveu et le serment sont réservés contre les présomptions de l'article 1100.

DROIT CRIMINEL.

I. — La diffamation envers les morts n'est pas un délit qui tombe sous le coup de la loi du 17 mai 1819.

II. — Il n'est pas exact de dire absolument que toute résistance à l'exécution d'un ordre de l'autorité publique, si illégal qu'il soit, est un acte de rébellion.

III. — Lorsque deux faits délictueux, à la charge d'un même individu, ne sont pas tous compris dans la même poursuite et donnent lieu à des poursuites successives, la poursuite pour le second fait doit avoir lieu, bien que ce fait entraîne une peine moins grave que le premier.

PROCÉDURE CIVILE.

I. — Les jugements, rendus à l'étranger contre des Français, ne sont pas soumis, quant au fond, à l'examen des tribunaux français : ceux-ci ne peuvent refuser la formule exécutoire à ces jugements que s'ils sont contraires à l'ordre public français, ou s'ils émanent de juges incompétents.

II. — Les jugements par défaut doivent, à peine de nullité, être signifiés par un huissier commis.

III. — Autoriser les arbitres à statuer, comme amiables compositeurs, c'est s'interdire le droit d'appeler de leur sentence.

DROIT COMMERCIAL.

I. — Les usages et le droit civil sont des sources du droit commercial actuel.

II. — L'autorisation de justice ne peut, en principe, suppléer le consentement du mari, à l'effet d'habiliter la femme à faire le commerce.

III. — Nous ne pensons pas que l'article 490, § 3, du Code de commerce crée un droit hypothécaire au profit de la masse.

DROIT ADMINISTRATIF.

I. — Le particulier ou la personne morale, lésée par un acte administratif entaché d'excès de pouvoir, peut saisir le Conseil d'état *de plano et omisso medio*, quand même cet acte serait susceptible d'autres recours soit devant l'autorité judiciaire, soit devant l'autorité administrative.

II. — L'avocat devrait être exempté de la patente.

III. — Les édifices religieux, antérieurs à 1801, et depuis rendus au culte, appartiennent à la fabrique, non à la commune.

DROIT DES GENS.

I. — Une nation belligérante peut visiter les navires de commerce d'une nation neutre pour s'assurer qu'ils ne portent pas de la contrebande de guerre.

II. — L'*ultimatum* doit toujours précéder les hostilités, sauf dans le cas de défensive.

ÉCONOMIE POLITIQUE.

I. — La monnaie est une marchandise, susceptible de variations comme toutes les autres.

II. — Le luxe exagéré est blâmable ; mais le remède ne peut venir que du mode d'éducation et de l'exemple des hautes classes, non d'une prohibition législative, qui serait impuissante.

Vu :

Par le Président de la Thèse,

T. HUC.

Vu :

Par nous, doyen de la Faculté,

HENRI BONFILS.

Vu et permis d'imprimer :

Le Recteur,

C. CHAPPUIS.

———

Cette thèse sera soutenue, en séance publique, dans une des salles de la Faculté de Droit de Toulouse, le   février 1880.

ERRATA

Page 3, ligne 6, au lieu de : la *vie* humaine, lire : la *race* humaine.

Page 9, ligne 13, au lieu de : *vous* permet, lire : *nous* permet.

Page 39 (note 2), au lieu de : d'après *un* témoignage, lire : d'après *son* témoignage.

Page 41, lignes 23-24, au lieu de : *que elle n'a rien reçu*, lire : *que si elle n'a rien reçu*.

Page 45, ligne 4, au lieu de : comme héritière *légime*, lire : comme héritière *légitime*.

Page 74, ligne 7, au lieu de : aucun *lieu* puissant, lire : aucun *lien* puissant.

Page 86, ligne 5, au lieu de d'*une* autre douzire, lire : d'*un* autre.

Page 86, ligne 21, au lieu de : *portait*, lire : *portaient*.

Page 100, ligne 5, au lieu de : *quelles*, lire : *qu'elle*.

Page 103, ligne 9, au lieu de : conjoint *suivant*, lire : *survivant*.

Page 125, ligne 20, au lieu de : *constitution*, lire : *substitution*.

Page 134, ligne 2, au lieu de : *font* honneur, lire : *fait*.

Page 134, ligne 2, au lieu de : *au* leur minimum, lire : *ou* leur.

Page 104, ligne 23, au lieu de : *ascendants*, lire : *descendants*.

TABLE DES MATIÈRES

TROISIÈME PARTIE.

ANCIEN DROIT FRANÇAIS.

QUATRIÈME PARTIE.

DROIT INTERMÉDIAIRE.

CINQUIÈME PARTIE.

DROIT MODERNE FRANÇAIS.

Toulouse, imp. Douladoure.

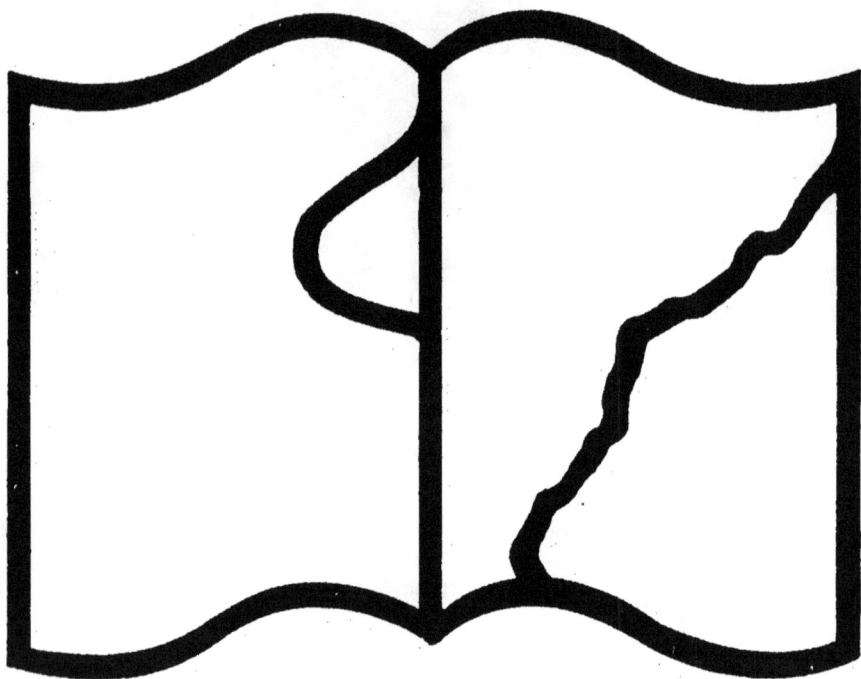

Texte détérioré — reliure défectueuse

NF Z 43-120-11